本书是山东省社科规划研究项目

"促进基层干部担当作为的激励机制研究"（项目编号：23CDCJ21）

和中共山东省委党校（山东行政学院）重大项目攻关创新成果

政绩与激励

新时代基层干部的担当作为

王启超

著

天津出版传媒集团

天津人民出版社

图书在版编目（CIP）数据

政绩与激励：新时代基层干部的担当作为 / 王启超
著. -- 天津：天津人民出版社，2024. 7. -- ISBN 978-
7-201-20625-7

Ⅰ. D630.3

中国国家版本馆 CIP 数据核字第 2024PC1867 号

政绩与激励：新时代基层干部的担当作为

ZHENGJI YU JILI : XINSHIDAI JICENG GANBU DE DANDANG ZUOWEI

出　　版	天津人民出版社	
出 版 人	刘锦泉	
地　　址	天津市和平区西康路35号康岳大厦	
邮政编码	300051	
邮购电话	（022）23332457	
电子信箱	reader@tjrmcbs.com	

策划编辑	郑　玥	
责任编辑	佐　拉	
装帧设计	汤　磊	

印　　刷	天津新华印务有限公司	
经　　销	新华书店	
开　　本	710毫米×1000毫米　1/16	
印　　张	13.5	
插　　页	2	
字　　数	220千字	
版次印次	2024年7月第1版　2024年7月第1次印刷	
定　　价	89.00元	

前　言

政治路线确定之后,干部就是履行职能的决定因素。中国共产党成立以来,党的干部队伍不断加强自身建设,不断适应变化了的环境,为在不同历史时期完成革命、建设、改革的任务提供了有力保证,这也是"中国共产党为什么能"的秘诀之一。党的十八大以来,面对全面从严治党新要求、改革进入"深水区"和"攻坚期"的新任务,一些干部存在一定程度的为官不为问题。党中央高度重视,习近平多次强调,"为官一任,要有肝胆,要有担当精神,应该对'为官不为'感到羞耻,应该予以严肃批评,要深入分析,搞好正面引导"。为此,中央层面陆续出台了一系列干部激励的制度措施,各地也积极展开了健全激励干部担当作为机制的实践探索。

党的十九大以来,党的干部工作走向制度化的步伐明显加快,大量有关干部制度的党内法规、国家法律不断出台。干部制度的完善,既是中国特色社会主义制度不断成熟、国家治理体系与治理能力不断走向现代化的标志,也是其中重要的组成部分。步入新时代,干部队伍建设事业必须坚持科学化、现代化的目标,在总结历史经验教训的基础上与时俱进、不断发展,才能适应党的各项事业发展的需要,为百年强党和民族复兴源源不断地培养干部人才。

长期以来,充分调动广大干部的积极性都是干部队伍建设的着眼点。党的事业成功离不开一支庞大的、发挥首创精神、勇于担当作为、干事创业的干部队伍。严管与厚爱从来都是有机统一的整体,在任何历史时期,党的干部政策的主流都是信任干部、支持干部、激励干部,不能因为个别腐败弄权的贪官、为官不为的庸官就否定了整个干部队伍。尤其是新时代以来,全面从严治党取得了历史性、开创性的成就,产生了全方位、深层次影响,党内政治生态明显好转,党在革命性锻造中更加坚强,干部队伍整体素质不断提高、结构不断改善、能力不断增强,给当前加强干部队伍建设创造了良好的氛围和环境。

干部队伍呈现出朝气蓬勃、奋发有为的态势,源于一直以来党对干部激励工作的高度重视。党在激励干部工作中积累了丰富的经验,革命战争和社会主义探索时期都特别注重思想建党、思想建军,形成了各种革命精神,塑造了无数榜样形象,鼓舞着广大干部投身于革命建设事业。改革开放以来,党内不断涌现出改革"闯将",大量的"政治企业家"直接推进了中国改革事业的不断深化,这个时期对干部的激励方式既发扬了党的优良传统,又充分借鉴了西方国家经验,还形成了具有鲜明改革特色的晋升激励方式。

激励机制是影响干部队伍干事创业和改革创新的重要因素。习近平强调:"坚持严管和厚爱相结合,加强对干部全方位管理和经常性监督,落实'三个区分开来',激励干部敢于担当、积极作为。"党的二十大报告明确指出,从现在起,中国共产党的中心任务就是团结带领全国各族人民全面建成社会主义现代化强国、实现第二个百年奋斗目标,以中国式现代化全面推进中华民族伟大复兴。因此,亟须研究促进基层干部担当作为的激励机制,构建科学有效的干部正向激励体系，造就大批勇于创新、善于突破的优秀干部，挑起继续解放思想、开拓新道路的历史重担，特别是激励广大基层干部满怀激情地投入全面建设社会主义现代化国家的伟大实践之中。

目　录

第一章
基层干部担当作为：坚持不懈奋斗

2024 年春季学期中央党校（国家行政学院）中青年干部培训班于 3 月 1 日上午在中央党校开班。中共中央总书记、国家主席、中央军委主席习近平作出重要指示强调，年轻干部是党和国家事业发展的生力军，是中国特色社会主义事业的接班人。为此，特别要求年轻干部"要自觉做勇于担当作为的不懈奋斗者，锐意改革创新，敢于善于斗争，愿挑最重的担子、能啃最硬的骨头、善接烫手的山芋，在直面问题、破解难题中不断打开工作新局面"①。

一、锐意改革创新

随着中国特色社会主义进入新时代，新机遇多，新问题也多。我国如何才能继续走在世界经济社会发展的前列，关键在于党的领导，关键在于干部

---

① 《牢记初心使命顽强拼搏进取 奋力跑好历史的接力棒》，《人民日报》，2024 年 3 月 2 日。

的作用发挥。我国改革开放四十多年来的经验证明,改革与攻坚,是对新时代干部的特殊考验。当前,改革已进入攻坚期和深水区,推进改革的敏感程度、复杂程度前所未有。正如 2020 年 10 月 14 日,习近平在深圳经济特区建立 40 周年庆祝大会上的讲话中所说,"改革永远在路上,改革之路无坦途"。当前,改革又到了一个新的历史关头,很多都是前所未有的新问题,推进改革的复杂程度、敏感程度、艰巨程度不亚于四十多年前。因此,必须充分发挥党的独特优势,着力增强各级领导干部改革攻坚的能力,冲破思想观念障碍,发扬"钉钉子"精神,从而攻克一个个改革难题,引领和带动广大人民群众奋力艰苦奋斗,锐意改革创新。

(一)锐意改革创新是推动事业发展的内在要求

"推进中国式现代化是一个探索性事业,还有许多未知领域,需要我们在实践中去大胆探索",习近平深刻阐述了在实践中大胆探索的重要性,强调"在前沿实践、未知领域,鼓励大胆探索、敢为人先",要求"保持锐意创新的勇气、敢为人先的锐气、蓬勃向上的朝气","勇于推进理论创新、实践创新、制度创新、文化创新以及各方面创新,通过革故鼎新不断开辟未来"。①保持锐意创新的勇气,通过改革创新来推动事业发展,这是内在要求,也是实践所需。

从战略层面考量,要把创新摆在国家发展全局的突出位置。我们党勇于改革创新,不断破除各方面体制机制弊端,为中国式现代化注入不竭动力。从发展规律着眼,创新是引领发展的第一动力。"老是在产业链条的低端打

---

① 《正确理解和大力推进中国式现代化》,《人民日报》,2023 年 2 月 8 日。

拼，老是在'微笑曲线'的底端摸爬，总是停留在附加值最低的制造环节而占领不了附加值高的研发和销售这两端，不会有根本出路。"①推动价值链从"微笑曲线"的底端向两端延伸，就必须把发展的着力点更多放在创新上，让创新促进经济增长的乘数效应越来越显著。

谁在创新上先行一步，谁就能拥有引领发展的主动权。创新慢了、少了、不见了，即便现在处于优势地位，未来也可能逐渐陷入追着别人跑的尴尬境地。锐意创新，要害在"锐意"，必须始终保持时不我待、只争朝夕的创新紧迫感。等待观望不得，亦步亦趋不行，唯有迎头赶上、奋起直追、力争超越，才能赢得主动、赢得优势、赢得未来。

创新的实质效果是优胜劣汰、破旧立新。怕输的结果就是常输，既然选择了创新之路，就必须放下惧怕失败的心理包袱，激扬"亦余心之所善兮，虽九死其犹未悔"的豪情。鲁迅有言："什么是路？就是从没路的地方践踏出来的，从只有荆棘的地方开辟出来的。"探路就是开路，试错就是扫雷，敢于走前人没有走过的路，为的就是铺就走得通、行得稳的大道、正路。

从"明者因时而变，知者随事而制"的智慧，到"时移世易，变法宜矣"的洞察，再到"刻舟求剑""胶柱鼓瑟"等警讯，中华文明具有突出的创新性，从根本上决定了中华民族守正不守旧、尊古不复古的进取精神，决定了中华民族不惧新挑战、勇于接受新事物的无畏品格。"宁可少干事，也不要出事""宁可不作为，也不要犯错误"……怕出错、怕担责，是阻碍创新的重要心理因素。避免因为担当不足而不敢创新，需要落实"三个区分开来"，激励干部敢于担当、积极作为；需要营造鼓励大胆探索、包容失败的宽松氛围，让一切创新创造的源泉充分涌流。

---

① 《正确理解和大力推进中国式现代化》，《人民日报》，2023 年 2 月 8 日。

（二）领导干部是关系改革创新的"关键少数"

2015 年 2 月，习近平在省部级主要领导干部学习贯彻党的十八届四中全会精神专题研讨班上特别提出了"关键少数"这一概念。他强调，各级领导干部在推进依法治国方面肩负着重要责任，全面依法治国必须抓住领导干部这个"关键少数"。从此以后，他在多个领域的工作中都强调抓"关键少数"。可以说，抓"关键少数"是习近平治国理政方法论中抓"牛鼻子"方法的具体体现。根据习近平的这个论述，全面深化改革，也必须抓住领导干部这个"关键少数"。

当前，我们党所推动的全面深化改革，是以习近平同志为核心的党中央着眼党和国家事业发展全局作出的重大部署，是推进国家治理体系和治理能力现代化的一场深刻变革。各级党员干部特别是领导干部这个"关键少数"坚决拥护改革、带头落实改革是确保全面深化改革方案收获实实在在成效的重要保障。全面深化改革是一场"刀刃向内"的自我革命、自我革新，既不是敲敲打打，亦不是修修补补，而是触及利益、触及灵魂的一场涉及方方面面的深刻变革。其意义之重大，不言而喻。自古以来，改革从来不会是轻轻松松、一帆风顺的，因为改革是利益的调整，全面深化改革也不例外。越是这样，越能检验党员干部特别是领导干部这一"关键少数"的政治素质和党性修养。

"龙头怎么甩，龙尾怎么摆。"各级党政主要负责同志是带动所属领域或部门改革事业的龙头，他们的行动、能力、素质关系着改革的进程，也关系着改革的成败，因此全面深化改革，务必要抓好党员干部特别是领导干部这个"关键少数"。对各级党员干部特别是领导干部来说，要坚定改革信心和决心，增强推进改革的思想自觉和行动自觉，既当改革促进派，又当改革实干家，以"钉钉子"精神抓好改革落实，扭住关键、精准发力，敢啃硬骨头，盯着抓、反复抓，一刻也不放松，确保抓出成效、取得成功。对全面深化改革而言，领导干部如果能充分发挥改革表率作用，识大局、顾大体，并全身心投入改革攻坚事业中去，在改革的平常时候要看得出来，关键时刻要站得出来，危急关头要豁得出去，真正做到拥护改革有激情、落实改革有思路、推动改革有韧劲、实现改革有贡献，这样就能真正成为推动改革攻坚的"关键少数"。

(三)锐意改革创新的关键是提高领导干部改革攻坚能力

2022年10月16日，党的二十大胜利召开。习近平特别强调："中国共产党第二十次全国代表大会，是在全党全国各族人民迈上全面建设社会主义现代化国家新征程、向第二个百年奋斗目标进军的关键时刻召开的一次十分重要的大会。"①开启社会主义现代化国家建设新征程、向第二个百年奋斗目标进军，在这整个历史过程中，我们距离实现中华民族伟大复兴的中国梦的目标越来越近，但是也是在这个过程中，我们面临着更加繁重的历史任务，这就需要提高各级党员干部的改革攻坚能力。

第一，全面建设社会主义现代化国家需要提高党员干部的改革攻坚能力。"四个全面"里第一个"全面"的表述，由之前的"全面建成小康社会"变为"全面建成社会主义现代化国家"，标志着我国迈入全面建设社会主义现代化国家的新发展阶段。现代化是由传统社会向现代社会全方位转变的过程，既包括经济、政治、文化、社会、生态等领域的一系列变迁，也包括地区之间、城乡之间、社会各阶层之间利益格局的深刻变化，既充满着机遇，也充满了新的矛盾和挑战。国际经验表明，只有在准确把握现代化规律的基础上，通

---

① 习近平：《高举中国特色社会主义伟大旗帜 为全面建设社会主义现代化国家而团结奋斗——在中国共产党第二十次全国代表大会上的报告》，《人民日报》，2022年10月17日。

过制定和实施系统、协调的战略，妥善处理各种社会矛盾和利益关系，很好地驾驭现代化，现代化过程才能比较平稳，才能少付些代价。在接下来的时间里，我们要确保如期全面建成社会主义现代化国家，就必须提高各级党员干部的改革攻坚能力，而且这个能力的显著提升，也是我们今后各项工作和和实现目标的坚实基础。

第二，开启"第二个百年"奋斗目标新征程需要领导干部提高改革攻坚能力。我们党"第二个百年"奋斗目标新征程时间跨度将近30年，这30年分两个阶段来进行，其中前15年的目标是基本实现社会主义现代化，后15年的目标是全面建成社会主义现代化强国。这个历史阶段的任务可以说十分繁重，对领导干部各方面能力素质的要求也很高。但是毋庸置疑的是，这个历史阶段依然需要各级领导干部继续锤炼改革攻坚能力，因为这一时期依然是全面深化改革的历史阶段，有许多改革的难题需要破解，只有继续锤炼改革攻坚能力，领导干部才能成为各个领域中推动全面深化改革的重要力量。

第三，实现中华民族伟大复兴的中国梦需要领导干部提升改革攻坚能力。党的十八大以来，习近平提出实现中华民族伟大复兴中国梦，这是中华民族近代以来最伟大的梦想。实现"两个一百年"奋斗目标，实现中国梦，关键要靠改革开放。没有改革开放，就没有中国的今天；离开改革开放，也没有中国的明天。当前，国内外环境都在发生极为广泛而深刻的变化，我国发展面临一系列突出矛盾和挑战，前进道路上还有不少困难和问题。在国际形势复杂多变，国际竞争日趋激烈的情况下继续前行，就如同逆水行舟，不进则退。我们中国共产党人干革命、搞建设、抓改革，从来都是为了解决中国的现实问题。要破解发展中面临的难题、化解来自各方面的风险挑战，推动经济社会持续健康发展，除了深化改革开放，别无他途。这就需要各个工作领域的具有很强的改革攻坚能力的领导干部来推动工作。我们知道，改革是由问题倒逼而产生,又在不断解决问题中得以深化。只有让具有很强改革攻坚能力的领导干部在解决一个个问题的过程中深化改革,改革才能前进,才能最终实现中华民族的伟大复兴。

二、敢于善于斗争

习近平在2019年秋季中央党校(国家行政学院)中青年干部培训班开班式上的讲话中指出:斗争精神、斗争本领,不是与生俱来的。领导干部要经受严格的思想淬炼、政治历练、实践锻炼,在复杂严峻的斗争中经风雨、见世面、壮筋骨,真正锻造成为烈火真金。要学懂弄通做实党的创新理论,掌握马克思主义立场观点方法,夯实敢于斗争、善于斗争的思想根基,理论上清醒,政治上才能坚定,斗争起来才有底气、才有力量。要坚持在重大斗争中磨砺,越是困难大、矛盾多的地方,越是形势严峻、情况复杂的时候,越能练胆魄、磨意志、长才干。领导干部要主动投身到各种斗争中去,在大是大非面前敢于亮剑,在矛盾冲突面前敢于迎难而上,在危机困难面前敢于挺身而出,在歪风邪气面前敢于坚决斗争。[①]

(一)中国共产党的历史是伟大斗争的历史

1.依靠伟大斗争取得了新民主主义革命的伟大胜利

中国近代史就是一部求得民族独立和人民解放,努力实现国家富强和

---

① 《发扬斗争精神增强斗争本领为实现"两个一百年"奋斗目标而顽强奋斗》,《人民日报》,2019年9月4日。

人民富裕而奋斗的历史，是中国近代仁人志士探寻国家出路的探索史。中国共产党一经成立，就把实现共产主义作为党的最高理想和最终目标，义无反顾地肩负起实现中华民族伟大复兴的历史使命，以争取民族独立和人民解放、实现国家富强和人民幸福为己任，带领人民进行气壮山河、改天换地的伟大斗争。中国共产党在斗争中完成了新民主主义革命。20世纪初，以毛泽东同志为代表的中国共产党人在中国革命的历史进程中，历经北洋军阀政权、国民党反动派、日本侵略者，从井冈山到长征路，从延安到北京，面对严酷凶险的生存环境，中国共产党发扬斗争精神、依靠斗争本领、攻克难关、打败顽敌、历经磨难、付出巨大牺牲，推翻了帝国主义、封建主义和官僚资本主义的统治，建立了新中国，取得了最终胜利。正如毛泽东在《战争和战略问题》一文中指出的："我们是战争消灭论者，我们是不要战争的；但是只能经过战争去消灭战争，不要枪杆子必须拿起枪杆子。"①这是中国共产党从血的经验和教训中得出的真理。

2.依靠伟大斗争开创了改革开放的新时期

党的十一届三中全会以后，中国共产党面临的客观环境和历史条件都发生了根本性的变化，特别是"文化大革命"造成了党的思想、组织、作风严重不纯。以邓小平同志为代表的中国共产党人洞察世界风云，科学分析时代特征，敏锐把握时代发展的脉搏，深刻总结社会主义建设过程中出现的正反两方面的经验教训，围绕着在社会主义建设、党的建设的过程中，怎样坚持斗争精神增强斗争本领问题进行思考，提出了一系列新观点、新论断、新举措，成为邓小平理论的重要组成部分。与僵化守旧的势力作斗争，倡导善于学习、敢于创新的斗争精神。1978年12月，邓小平在《解放思想，实事求是，

---

① 《毛泽东选集》（第二卷），人民出版社，1991年，第547页。

团结一致向前看》的讲话中指出："在党内和人民群众中,肯动脑筋、肯想问题的人愈多,对我们的事业就愈有利。干革命、搞建设,都要有一批勇于思考、勇于探索、勇于创新的闯将。"①与传统僵化的社会主义观念作斗争,提出科学的社会主义本质论。1992年初,邓小平在南方谈话中用精练的语言概括出社会主义的本质:"社会主义的本质,是解放生产力,发展生产力,消灭剥削,消除两极分化,最终达到共同富裕。"②与超越社会发展阶段的历史唯心主义作斗争,提出社会主义初级阶段理论。与封闭僵化的思想观念作斗争,开创了改革开放的新时期。面对十年内乱造成的封闭僵化的局面,党的十一届三中全会明确提出"改变"。"实现四个现代化,要求大幅度地提高生产力,也就必然要求多方面地改变同生产力发展不适应的生产关系和上层建筑,改变一切不适应的管理方式、活动方式和思想方式,因而是一场广泛、深刻的革命。"③总之,以邓小平同志为代表的中国共产党人,思考的重点是改革开放过程中一些带有全局性、整体性、宏观性的题,并根据自己的思考去绘制中国改革开放的蓝图。

3.依靠伟大斗争把中国特色社会主义推向前进

世纪之交,中国共产党既面临着严峻的挑战和机遇,又承担着前所未有的历史重任。随着改革开放的不断深入,中国共产党从领导人民为夺取全国政权而奋斗的党,成为领导人民掌握全国政权并长期执政的党;从受到外部封锁和实行计划经济条件下领导国家建设的党,成为对外开放和发展社会主义市场经济条件下领导国家建设的党。在这种全新的社会条件下,"建设什么样的党,怎样建设党""实现什么样的发展,怎样发展"作为重大的理论

---

① 《邓小平文选》(第二卷),人民出版社,1994年,第143页。

② 《邓小平文选》(第三卷),人民出版社,1993年,第373页。

③ 《三中全会以来重要文献选编》(上),人民出版社,1982年,第4页。

和实践问题,摆在中国共产党人的面前。能否解决好这些重大理论和实践问题,直接关系到我们党和国家的前途命运,关系到中国特色社会主义的未来。以江泽民同志、胡锦涛同志为代表的中国共产党人,十分关注本领问题。

1989年12月江泽民在党建理论研究班上的讲话中明确提出:"我们党是执政的党,党的领导要通过执政来体现。我们必须强化执政意识,提高执政本领。"①这是新时期中国共产党人明确提出"提高执政本领"问题。党的十五大报告提出:共产党员保持先进性,要体现时代的要求,做到"刻苦学习马克思主义理论,增强辨别是非的能力,掌握做好本职工作的知识和本领,努力创造一流的成绩"②。党的十六大报告再次向全党发出了号召:"面对执政条件和社会环境的深刻变化,各级党委和领导干部要不辱使命、不负重托,就要适应新形势新任务的要求,在实践中掌握新知识,积累新经验,增长新本领。"③ 2005年2月19日,胡锦涛在省部级主要领导干部提高构建社会主义和谐社会能力专题研讨班上的讲话中明确提出"六个本领":各级党委、政府和领导干部要不断提高激发社会创造活力本领、管理社会事务本领、协调利益关系本领、处理人民内部矛盾本领、开展群众工作本领、维护社会稳定本领,把构建社会主义和谐社会要求落到实处。毫无疑问,这些本领当中都包含增强斗争本领。以江泽民同志、胡锦涛同志为代表的中国共产党人发扬斗争精神,增强斗争本领,不断进行理论创新和实践创新,把中国特色社会主义伟大事业推向新阶段。

---

① 《江泽民文选》(第一卷),人民出版社,2006年,第92页。
② 《江泽民文选》(第二卷),人民出版社,2006年,第46页。
③ 《江泽民文选》(第三卷),人民出版社,2006年,第569页。

(二)敢于斗争是中国共产党完成历史使命的根本保证

1.敢于斗争是马克思主义政党的本质规定

马克思主义政党是工人阶级的先锋队，它明确地指出了马克思主义政党的阶级性和先进性。其宗旨是全心全意为人民谋利益,始终把人民利益放在最高位置,为实现民族解放、人民幸福进而实现人的自由而全面发展的价值追求,而永远保持斗争精神,不断增强斗争本领。格斯在给奥·倍倍尔的信中曾说:"一个新的纲领毕竟总是一面公开树立起来的旗帜，而外界就根据它来判断这个党。"①《德意志意识形态》第一次明确提出:"只有在共同体中,个人才能获得全面发展其才能的手段,也就是说,只有在共同体中才可能有个人自由。"②《共产党宣言》指出:"共产党人同其他无产阶级政党不同的地方只是:一方面,在无产者不同的民族的斗争中,共产党人强调和坚持整个无产阶级共同的不分民族的利益;另一方面,在无产阶级和资产阶级的斗争所经历的各个发展阶段上,共产党人始终代表整个运动的利益。"③马克思主义政党是在工人运动的发展与科学社会主义理论传播的基础上产生的。前者是马克思主义政党产生的阶级基础, 后者是马克思主义政党产生的思想基础。只有这两者结合起来,才能产生马克思主义政党。工人阶级是先进生产力的代表者,肩负着推翻资产阶级统治、建立社会主义制度并最终实现共产主义的历史使命。工人阶级是在斗争中不断成长成熟,从自在阶级走向自为阶级。工人阶级最初的斗争是分散的,他们的联合局限于特定的行业,斗

---

① 《马克思恩格斯选集》(第三卷),人民出版社,1995 年,第 325~326 页。

② 《马克思恩格斯选集》(第一卷),人民出版社,2012 年,第 199 页。

③ 《马克思恩格斯选集》(第四卷),人民出版社,2012 年,第 277~278 页。

争方向也往往是破坏机器、争取经济利益等比较初级的形式;随着斗争的发展,他们的联合日益扩大而作为一个阶级来行动,其斗争也走上政治舞台,并进一步认识到成立自己政党的必要性和紧迫性。

2.敢于斗争是中国共产党取得胜利的重要经验

近代先进的中国人历尽艰难而苦苦探索,依然没有解决"中国向何处去"的问题。中华民族面临着亡国灭种的危险。毛泽东说:"革命不是请客吃饭,不是做文章,不是绘画绣花,不能那样雅致,那样从容不迫,文质彬彬,那样温良恭俭让。革命是暴动,是一个阶级推翻一个阶级的暴烈的行动。"[①]所以,只有革命才能救中国,只有敢于斗争才能救中国。中国近代以来的两大历史任务是统一的,但是要实现还必须分阶段分步骤来进行,这些阶段与步骤之间又是相互衔接、相互贯通的。总的来看,中国现代化的路程可以分为两大阶段。第一个阶段是实现国家独立和民族解放,第二个阶段是实现国家富强和人民富裕的阶段。每一个阶段的历史任务在实现过程中都有一代又一代的共产党人发挥斗争精神,以忘我的精神状态积极、主动、创造性地投入国家建设中,使得国家富强人民富裕的阶段性目标得以如期甚至提前实现。当然,在前进的道路上,我们面临的风险考验只会越来越复杂,甚至会遇到难以想象的惊涛骇浪。我们不怕风险,就怕承平日久,缺乏斗争意志,嗅不出敌情、分不清是非、不明方向。

3.增强敢于斗争的本领是新时代党政干部的政治责任

要实现中华民族伟大复兴的中国梦,实现国家富强人民富裕的历史使命,广大党政干部必须坚持斗争精神,增强斗争意识,强化敢于斗争的本领。因为,党和国家的路线方针政策最终是通过每一位党政干部的辛勤工作得以贯彻执行的。如果各级党政干部敢于发挥斗争精神,充满工作激情,积极

---

① 《毛泽东选集》(第一卷),人民出版社,1952年,第18页。

开展创造性根本任务，党和政府的执政能力必定得到加强，各项工作必定能够顺利发展；反之，各级党政干部缺乏斗争精神，不想干事，不愿干事，对工作推诿拖延，我们就无法干成大事，甚至可能会干错事。所以，弘扬斗争精神，增强敢于斗争的本领，是新时代各级党政干部的政治责任。

(三)发扬斗争精神、增强斗争本领，为实现伟大目标顽强奋斗

1.发扬斗争精神、增强斗争本领要经受严格的思想淬炼

思想淬炼的本质是学习理论，而理论是行动的先导。习近平指出："我们要进行伟大斗争、建设伟大工程、推进伟大事业、实现伟大梦想，仍然需要保持和发扬马克思主义政党与时俱进的理论品格，勇于推进实践基础上的理论创新。"①我们处在全面建成小康社会、实现中华民族伟大复兴中国梦的历史起点上，面对新问题新挑战，需要与时俱进地加强科学理论武装。只有用科学理论武装头脑，培植我们的精神家园，才能保证政治上的清醒和思想上的坚定，才能将党的创新理论成果学习好、领会好、贯彻好。要时刻加强对马克思主义基本原理观点和方法的学习。唯物主义辩证法是指导我们党从事一切工作的根本指导思想、工作方法，在任何时候都需要遵守。唯物主义辩证法认为，人们在认识世界和改造世界的过程中，要充分发挥主观能动性，充分运用辩证的方法来观察和分析现实问题，客观冷静分析面对的各种矛盾，在对立中把握统一、在统一中把握对立，在中国革命历史斗争中，中国共产党在改造主客观世界的斗争同时，一直重视发挥人的主观能动性。面对各种艰难险阻，中国共产党人发挥着不怕牺牲、不怕困难的奋斗精神，使得中

---

① 《习近平谈治国理政》(第二卷)，外文出版社，2017 年，第 62 页。

国共产党人在革命、建设和改革发展过程中无往不胜。面对新时代发展要求，需要充分认识斗争规律，科学研究斗争规律，深入把握斗争规律，从各种事物发展的矛盾运动中，分清矛盾产生、发展和变化的过程，明确斗争初始阶段、发展过程、转变阶段的特点和要求，制定符合时宜的战略、战术和方法，根据矛盾发展变化，借势而起，顺势而为，乘势而上，推进事物发展进入更新更高阶段，从而最终取得伟大胜利。在分析和解决中国社会的主要矛盾时要立足世情国情党情民情，因人而异、因地制宜、因事而化、因势而新。要善于从国内国外的客观形势出发，从自身实际情况入手，全方位展开深入调查研究，摸透实际情况，在此基础上进行综合分析、对比判断，找出影响事物发展的有利因素，分清各自的地位、作用和相互关系，揭示事物矛盾发展的客观规律和必然趋势，从而在复杂的国际形势变化中，利用机遇、创造条件，推进中国特色社会主义伟大事业发展行稳致远。

2.发扬斗争精神、增强斗争本领要经受严格的政治历练

政治历练的本质是加强党性修养，坚定理想信念信仰。中国共产党的党性是在长期领导革命建设改革事业的过程中形成的，是党的政治主张和政治活动的最高、最集中的表现，是党的性质、宗旨、目标等各方面要素的综合反映，是衡量中国共产党区别于其他政党的显著标志，集中体现为党的理想信念信仰。加强党性修养，就要牢固树立坚定的共产主义理想信念，自觉投身于中国特色社会主义事业伟大斗争中去。理想信念就是共产党人精神上的"钙"，没有理想信念，理想信念不坚定，精神上就会"缺钙"，就会得"软骨病"。坚定理想信念，坚守共产党人的精神追求，始终是共产党人安身立命的根本。

对马克思主义的信仰，对社会主义和共产主义的信念，是共产党人的政治灵魂，是共产党人经受住任何考验的精神支柱。共产主义信念的建立不是自发的，是建立在对人类社会复杂规律的深刻揭示和总体把握基础上。共产

主义的实现也如同世界上其他事物的发展一样，不是一帆风顺、一蹴而就的。因此，各级党政干部必须固本培元、凝神聚气，筑起信仰信念，筑起催人奋进的精神高地，夯实新时代党的思想政治根基。要自觉提升政治能力，牢固树立政治理想，正确把握政治方向，严守政治纪律，加强政治历练，积累政治经验，自觉将讲政治贯穿于党性锻炼的全过程。要自觉把准政治方向，在各种思潮、各种形势面前，始终能够站稳脚跟，心眼明亮，在重大政治原则和大是大非问题上毫不含糊、毫不动摇，始终把握好政治方向之"舵"，做到政治上同向、思想上同心、步调上同频、行动上同力。正如习近平所要求的那样，"在思想政治上讲政治立场、政治方向、政治原则、政治道路，在行动实践上讲维护党中央权威、执行党的政治路线、严格遵守党的政治纪律和政治规矩"①。

3.发扬斗争精神、增强斗争本领要经受严格的实践锻炼

实践锻炼的本质是增强斗争本领，成为敢于斗争、善于斗争的战士。习近平指出，斗争精神、斗争本领不是与生俱来的，必须通过不断学习和实践锻炼才能培养和造就。

一是各级党政干部要通过严格的实践锻炼，确立狠抓落实意识，增强驾驭复杂局面、处理复杂问题的本领。在认真研究和把握客观事物发展规律的基础上，根据客观可能性和主体自身的条件性来确定目标和任务，制订和选择行动的实施方案，以保证目标得以实现。从而使广大党政干部以饱满的热情和坚定的信念投身于改革开放的伟大斗争中去，善于应对改革开放过程中出现的各种挑战，能够战胜来自方方面面的困难阻碍，把党和国家的各项路线方针政策真正落到实处，推动中国特色社会主义事业顺利发展。

---

① 《以时不我待只争朝夕的精神投入工作　开创新时代中国特色社会主义事业新局面》，《人民日报》，2018年1月6日。

二是各级党政干部要通过严格的实践锻炼，一张蓝图绘到底，增强按照客观规律办事的本领。规律是不以人的意志为转移的。遵循规律、顺势而为，就能够取得成功；违背规律、逆势而为，不仅难以成功，还会受到规律的惩罚，甚至付出沉重的代价。当前，中国特色社会主义事业进入了发展关键期、改革攻坚期、矛盾凸显期，如何解决好"三期叠加"过程中的矛盾，是进一步深化共产党执政规律、社会主义建设规律、人类社会发展规律的内在要求，这不但对我们在发展动力、发展模式、发展方向、发展目标上提出了新的要求，更要求在具体落实过程中将解放思想与实事求是结合起来，一切从实际出发，寻找事物之间的联系，找寻事物的本质，把各项工作落实到位。

三是各级党政干部要通过严格的实践锻炼，关注改革开放的重点领域，增强抓住和解决主要矛盾的本领。习近平指出："在抓落实的问题上，我们必须根据经济社会发展中的主要矛盾和矛盾的主要方面，分清轻重缓急，突出工作重点，抓住关键环节，明确主攻方向。"[①]要把住事关全局的重点工作，凝聚力量着力解决涉及全局的突出问题，以点带面，推动全局，抓好工作落实的主动权，就能够收到事半功倍的效果。

四是各级党政干部要通过严格的实践锻炼，将雷厉风行与久久为功相结合，增强落实速度与效率统一的本领。雷厉风行是要果敢坚决，久久为功是要沉稳坚韧。如果只讲雷厉风行，则会少了"百寒成冰、水滴石穿"的沉稳踏实，就可能欲速而不达；如果只讲久久为功，则会少了"案无积卷、手无积事"的紧迫感，就可能会错失良机。

五是各级党政干部要通过严格的实践锻炼，坚持敢啃硬骨头、敢闯难关的劲头，增强攻坚克难、狭路相逢勇者胜的信念，事到难处须放胆。向困难进

---

① 习近平：《之江新语》，浙江人民出版社，2007年，第88页。

军、让困难低头是党政领导干部抓落实时最应具有的态度。抓落实没有一股"闯""钻""拼"劲，没有迎难而上的勇气，是不可能抓好的。攻坚克难就是要勇挑重担，敢于迎难而上；大胆开拓，敢为天下先。各级党政干部要通过严格的实践锻炼，真正成为政治更加过硬，本领更加高强，为中国特色社会主义事业而奋斗的战士。

三、愿挑最重的担子、能啃最硬的骨头、善接烫手的山芋

正如水有源、树有根一样，中国共产党今天的使命担当，是在新的形势之下、新的任务面前对党干事担当历史的继承和推进。当前，国内外环境都在发生极为广泛而深刻的变化，我国发展面临一系列突出矛盾和挑战，前进道路上还有不少困难和问题。在这样的形势下，我们要实现第二个一百年的奋斗目标，即到新中国成立 100 年时把我国建成富强民主文明和谐美丽的社会主义现代化强国，实现中华民族的伟大复兴，的确是一项十分繁重而艰巨的历史任务。这就要求中国共产党人特别是党的年轻干部，必须增强担当意识，强化为党尽责、为国奉献、为民分忧的担当精神，愿挑最重的担子、能啃最硬的骨头、善接烫手的山芋。

（一）干事担事，是干部的职责所在，也是价值所在

人类社会的发展就是一代一代人不断繁衍生息的延续过程，是一代一代人不断履职尽责的担当结果，也就是说每一代人有每一代人所承担的时代责任和历史使命。只有履行好时代赋予的责任，完成好历史赋予的使命，

才能使自己的人生有价值、有光彩，才能无愧于时代，无愧于历史。今天，我们党已经发展成为一个拥有100多年建党史、9900多万党员的世界上最大的党，我们国家正处全面建设社会主义现代化国家的新阶段，我们的人民对美好生活的向往也更加强烈，因此干事担事，是中国共产党人尤其是党员干部的职责所在，也是其价值所在！

我们所讲的敢于担当，不是无原则地敢作敢为，而是要坚持党的事业第一、人民利益第一的原则。这既是由我们党的性质和宗旨决定的，也是由党的干部的地位和作用决定的。同时，我们所讲的敢于担当与认真负责是紧密联系在一起的，甚至可以说，敢于担当必须认真负责，认真负责才能敢于担当。因此，党员干部特别是各级领导干部一定要在思想上清醒地认识到自身所承担的责任，做到守土有责；一定要在行动上认真履行自己所承担的职责，做到守土尽责。

习近平也讲过，人心向背关系党的生死存亡。党只有始终与人民心连心、同呼吸、共命运，始终依靠人民推动历史前进，才能做到坚如磐石。一个政党如何才能赢得民众，唯一的途径就是为民。党只有赢得了人民，才能凝聚起赢得胜利的强大力量，才能实现自己的价值追求。中国共产党是中国人民和中华民族的先锋队，是以全心全意为人民服务为根本宗旨的党，党除了人民群众的根本利益没有自己的特殊利益，因此在理论和实践中做到为民，是由党的本质所决定的。党的为民本质，一方面要通过党正确的路线、方针、政策体现出来，但更重要的是要通过广大党员特别是党的干部为人民谋利益的实际行动体现出来。因为党正确的路线、方针、政策最终也是靠人来制定、靠人来执行的。坚持人民利益第一，凸显了中国共产党人的理论制高点。中国共产党是中国工人阶级的先锋队，同时也是中国人民和中华民族的先锋队，全心全意为人民服务是中国共产党的根本宗旨。我们所做的一切工作和事业,目的都是为了人民群众的利益,这是我们党取得一切成功的最大政治优势和最终原因。今后,我们要在新的形势下完成新的使命,取得新的胜利,也必须坚持人民利益第一的原则,必须把最广大人民的根本利益作为党全部工作的出发点和落脚点,必须把人民对美好生活的向往作为我们党的奋斗目标。

干事担事就要真正做到守土有责、守土尽责。"天地生人,有一人当有一人之业;人生在世,生一日当尽一日之责。"这十分简明的古语,蕴含着十分深奥的人生哲理。人来到这个世界上,不是为了吃喝享受,而是为了做事尽责。人只有在自己的事业和工作中履行职责,才能体现人生价值,才能显示人活着的意义。党员干部履行责任,做好自己分内的事情,也是一种义务,也是一种天职。责任意识,反映人对自身所承担的分内工作的一种精神面貌、工作姿态、思想境界,也是我们每个人为了事业而奋斗的思想基础。责任意识增强了,就能不忘重托,牢记职责,把精力和情感倾注在事业和岗位上;就能在工作中尽心尽力,尽职尽责,忠于职守,奋发有为。作为中国共产党的领导干部,强烈的责任意识是其为党和人民事业奋斗的思想基础和必备的政治素质,也是成就事业的条件,成长进步的动力源。广大党员干部一定要牢固树立"责任重于泰山"的思想,以强烈的责任意识,爱岗敬业、恪尽职守,顾全大局、无私奉献,淡泊名利、追求事业,在各自的岗位上作出应有的贡献,把手中的权力视为对人民群众的责任,履行为人民谋利益的职责。

与此同时,干事担事就是要真正在关键时刻经得住考验。党员领导干部是否敢于担当,在平时的工作中是能够看得出来的,而在关键时刻,这种时刻可能不经常面对,但却是对党员领导干部是否敢于担当最严峻的考验,也最能够体现党员领导干部的担当力。那么,在关键时刻都有哪些,又应当如何去做呢? 一般说来,就是面对重大原则问题时,要立场坚定、旗帜鲜明;面对改革发展深层次矛盾问题时,要迎难而上、攻坚克难;面对急难险重任务时,要豁得出来、顶得上去;面对各种歪风邪气时,要敢于较真、敢抓敢管。

(二)干事担事的背后是干部品格和能力的体现

干事担事的背后是党员干部的品格和能力的体现,也就是说敢于担当不是一句空洞的口号,而是要建立在自身硬,即具备担当的素质和能力的基础之上。从当前我们党所承担的时代责任和历史使命、我们国家和民族的发展要求、人民群众对党员干部的期待愿望来看,党员领导干部能够干事担事,能做到敢于担当作为,就必须具备以下五种基本素质。

第一,要有敢于担当的政治定力。政治是任何人、在任何时代、做任何事情都不可能逃避的敏感术语。一名党员领导干部,如果在政治定力上发生问题,就必然会犯错失误,甚至会违纪违法。因此,政治定力,在干部素质和能力的内涵结构中,处于核心地位。它决定着干部的其他素质和能力的目标方向,也决定着干部其他素质和能力的价值和意义,说得更直白一些,政治定力是一个干部道德高尚还是卑劣的最主要判别依据和最直接的体现。我们说一个干部是好干部,从根本上说就是肯定他的政治定力好,相反一个干部出问题,从根本上说也就出在政治定力上。干部的政治定力,主要包括政治方向、政治立场、政治态度、政治纪律、党性原则等。政治定力最核心的内容是有坚定的理想信念,始终坚守正确的理想信念。只有坚守正确的理想信念才能有担当,才能敢担当。

第二,要有敢于担当的理论素养。思想是行动的先导,理论是实践的指南。理论上的成熟是政治上成熟的基础,理论上的坚定是政治上坚定的前提。因此,在实践中做到敢于担当,必须有敢于担当的理论素养。马克思主义是与时俱进的理论体系。中国共产党既是在马克思主义理论基础上成立起来的，也是把马克思主义同中国革命、建设和改革在具体实践中相结合、不断推进马克思主义中国化的典范。一百多年来，在马克思主义中国化的历程中，先后产生了两大理论成果：一是毛泽东思想，二是中国特色社会主义理论体系。在这两大思想理论成果的指导下，我们取得了革命、建设和改革的伟大成就，开辟了中国特色社会主义道路，建立了中国特色社会主义制度，丰富了中国特色社会主义文化。因此，党员领导干部敢于担当的理论素养，最根本的体现就是要坚定中国特色社会主义的道路自信、理论自信、制度自信和文化自信。有了这"四个自信"，才能激发建设中国特色社会主义的强大力量，才能把敢于担当、善于作为的理论素养转化为担当、作为的伟大实践。

第三，要有敢于担当的无私情怀。人民群众是我们党的力量之源和胜利之本。全心全意为人民服务，是我们党的根本宗旨，也是党员领导干部敢于担当的根本目的。坚持全心全意为人民服务，必须把最广大人民的根本利益作为党全部工作的出发点和落脚点，保证党始终与人民群众共命运，这就要求领导干部必须具有无私的情怀，做到一心为公、事事出于公心。习近平总书记在党的十八届中央纪委三次全会上的重要讲话中指出：作为党的干部，就是要讲大公无私、公私分明、先公后私、公而忘私，只有一心为公、事事出于公心，才能坦荡做人、谨慎用权，才能光明正大、堂堂正正。作风问题都与公私问题有联系，都与公款、公权有关系。公款姓公，一分一厘都不能乱花；公权为民，一丝一毫都不能私用。领导干部必须时刻清楚这一点，做到公私分明、克己奉公、严格自律。也是在这个重要讲话中，习近平还指出：我们共产党人特别是领导干部都应该心胸开阔、志存高远，始终心系党、心系人民、心系国家,自觉坚持党性原则。①

第四,要有敢于担当的浩然正气。正气,实则是一种优良的作风。作风,则是一个人在思想、政治、组织、学习、生活等各方面一贯表现出来的态度和行为。作风好、正气足,就能办好事、办大事、办成事,也就是敢于担当,作风不好、邪气上升,就只能办坏事、办砸事。然而优良作风、浩然正气,不是自然形成的,也不是与生俱来的,而是靠长期艰苦的修养,靠良好的道德基础,靠有一颗知荣辱、讲廉耻的心。因此,党员领导干部必须带头讲修养、讲道德、讲廉耻。唯有如此,才能胸怀坦荡,才会有敢于担当、善于作为的底气和胆气。

第五,要有敢于担当的过硬本领。敢于担当不是空洞的大口号,喊叫的越响就越能担当得起,而要以高强的担当本领来垫底,正所谓"艺高人胆大",从某种程度上讲就是这个道理,也就是说:有了硬本领,才能真担当。而对于党员领导干部来说,硬本领虽然是一个庞大的体系,但其中最为重要的是科学决策能力和履职尽责能力。科学决策与履职尽责,实质上是主观与客观相结合的体现,是忠于职守、爱岗敬业、有效执行的能力,是党员干部职业道德最基本、最起码、最普遍的要求。

(三)各级党组织要旗帜鲜明地支持干事担事的干部

一个党员领导干部是否干事担事,是否敢于担当作为,不仅与自身的担当意识和责任能力有重要关系,而且与党组织如何对待敢于担当的干部,与整个社会氛围,都有重要关系。因此,要促使党员领导干部敢于担当,各级党组织负有重要的责任。

---

① 《强化反腐败体制机制创新和制度保障 深入推进党风廉政建设和反腐败斗争》,《人民日报》,2014年1月15日。

第一，各级党组织要旗帜鲜明地支持担当者，为敢于担当的领导干部撑腰鼓劲。一是因为敢于担当的领导干部所做的事情，不是一般的按步就班的事情，也不是日常的惯例性事情，而是有开拓性、创新性、前人没有做过的事情。这样的事情因为没有现成的经验，没有固定的模式，只能靠自己在实践中去大胆探索，其结果不只有成功一种，也可能是失策、失误甚至失败。然而领导干部只有敢于亲力亲为这样的事情，才能使工作打开新局面，创建新业绩，推动经济社会向前发展。所以，对这样的领导干部，各级党组织要旗帜鲜明地支持，为其撑腰鼓劲，即对敢于改革创新而且获得成功的干部，要大张旗鼓地进行表彰，使其最大限度地感受到成功的成就感和荣誉感；对在工作中有失策、失误或者失败的干部，要坚定地给予鼓励，使其增强信心而不是消沉不振，要积极地帮助其寻找失策、失误甚至失败的根源，制定解决问题的对策，使其从失误或失败的阴影中走出来，支持其在今后的工作中大胆地试、大胆地闯。二是因为敢于担当的领导干部所做的事情，总会触动一些人的利益，虽然可能大多数人能够受益，但受益的程度可能不同，甚至有的人的既得利益还会被消减或被取消，从而引起一些人的不满甚至抵触，也就是说领导干部不论做什么事情、不论怎样做事，都不可能使所有人满意，总会"得罪"一些人。如果这些人不能正确理解这种"得罪"，就有可能在言论上、行动上对领导干部施加压力，甚至在群众中散布不满情绪，煽动抵制事件，给敢于担当的领导干部的工作造成极大障碍。在这种情况下，各级党组织必须旗帜鲜明地支持担当者，为敢于担当的领导干部鼓劲，使其感受到组织的力量，消除孤独感和恐惧感，坚定担当的信念，坚持担当的行为，把担当进行到底。

第二，健全干部考核评价体系，各级党组织要把干事担事作为选人用人的重要导向，让那些有锐气、勇作为、敢担当的干部得到重用。什么样的人该用，什么样的人重用，这是一个用人导向问题。而用人导向的重要性不仅关系到一个干部是否被重用了，而且关系到其他人将会怎样去塑造自己。因此，用人导向其实就是一根标杆、一个方向，而且用人导向这个标杆与其他标杆相比更加重要。因为任何事情都是由人来做的，用什么样的方法去做，结果会很不一样。用人导向正确，对干部自身的健康成长意义重大，对党和国家的人才培养方向意义重大，对党和国家前途命运意义重大。对敢于担当的领导干部只有重用，才能使敢于担当者得到肯定，使其在今后更大的平台、更宽的领域、更大的范围、更重要的工作中承载更大更好地担当。

第三，各级党组织要营造干事可贵、担当光荣的良好社会氛围，使能干事、敢担当在党员干部中蔚然成风。环境造就人，环境改造人。这是一个不可抗拒的历史规律。一个干部是否敢于担当、能否敢于担当，与其本人的修养、性格、能力有关，但环境和氛围更加重要。因此，各级党组织要营造敢于担当可贵、敢于担当光荣的环境。

一是要大力宣传敢于担当的领导干部，树立典型，使广大干部学有榜样，干有标兵。二是要在待遇上与担当挂钩，使敢于担当、并作出突出贡献的领导干部靠担当致富，弥补长时期身体透支的经济实力。三是要在政治前途上提拔重用，使敢于担当的领导干部在更高位置上、有更大的权力做更重要的担当之事，让更多的百姓受益，同时也能使敢于担当的领导干部感受到担当有值、担当光荣。四是要对不敢担当、不能担当的干部进行批评教育，使其认识自身不足，增强担当意识、提高担当本领。五是要对那些违纪违法的干部特别是高级领导干部，坚决地、毫不留情地予以组织处理，这不仅可以纯洁党的队伍，而且可以使广大干部看到敢于担当要在党纪国法范围之内。如果一个干部虽然在工作中敢于担当，做了不少事情且政绩突出，但是在作风上不优、生活中放纵，贪污受贿、物欲横流，伤风败俗、腐化堕落，也必须受到党纪国法的严惩。

正如 2013 年全国两会期间，习近平在参加江苏代表团讨论时指出：职务犯罪确实使我们的损失很大。预防职务犯罪出生产力，我很以为然。习近平还语重心长地说，我们国家培养一个领导干部比培养一个飞行员的花费要多得多，而更多的还是我们倾注的精神和精力。但是，一着不慎毁于一旦。不管你以前做了多少有益的工作，功罪不可相抵。如果搞不好，领导干部的岗位就真会变成高危职业。在这里，习近平所讲的"功罪不可相抵"，最清楚不过地表明了为什么不能因为领导干部曾经有过担当、曾经敢于担当，就对其违纪违法的错误甚至是犯罪睁一只眼闭一只眼，手下留情，而是对领导干部的违纪违法更要严惩，因为他们职位高、权力大、影响范围广。只有严惩违纪违法的领导干部，才能促进敢于担当的正能量，营造敢于担当的良好氛围。

四、在直面问题、破解难题中不断打开工作新局面

进入新时代，我国改革进行到了愈进愈难、愈进愈险而又不进则退、非进不可的关键时刻，能否坚定信心、凝聚共识、攻坚克难，确保各项改革举措落地生根，直接决定着改革成败。领导干部是关系改革成败的"关键少数"，因此必须从提高领导干部改革攻坚能力入手，在直面问题、破解难题中不断打开工作新局面，才能推动党和国家各项工作在全面深化改革中增添动力、获得突破。

（一）锻造改革的勇气和攻坚的决心

习近平强调，党政主要负责同志是抓改革的关键，不仅要亲自抓、带头

干,还要勇于挑最重的担子、啃最硬的骨头,扑下身子,狠抓落实。

党的十八大以来,以习近平同志为核心的党中央团结带领全党全国各族人民,全面审视国内国际新的形势,通过总结实践、展望未来,深刻回答了新时代坚持和发展什么样的中国特色社会主义、怎样坚持和发展中国特色社会主义这个重大时代课题,形成了新时代中国特色社会主义思想,坚持统筹推进"五位一体"总体布局、协调推进"四个全面"战略布局,坚持稳中求进工作总基调,对党和国家各方面工作提出一系列新理念新思想新战略,推动党和国家事业发生历史性变革、取得历史性成就,中国特色社会主义进入了新时代。党的十八大以后,面临着中国的改革下一步向何处去的问题,以习近平同志为核心的党中央以巨大的政治勇气和智慧,提出全面深化改革总目标是完善和发展中国特色社会主义制度、推进国家治理体系和治理能力现代化,着力增强改革系统性、整体性、协同性,着力抓好重大制度创新,着力提升人民群众获得感、幸福感、安全感,推出多项改革方案,啃下了不少硬骨头,闯过了不少急流险滩,改革呈现出了全面发力、多点突破、蹄疾步稳、纵深推进的局面。

艰难困苦,玉汝于成。改革开放四十多年来,从开启新时期到跨入新世纪,从站上新起点到进入新时代,四十多年风雨同舟,四十多年披荆斩棘,四十多年砥砺奋进,我们党引领人民绘就了一幅波澜壮阔、气势恢宏的历史画卷,谱写了一曲感天动地、气壮山河的奋斗赞歌,使改革开放成为当代中国最显著的特征、最壮丽的气象。改革只有进行时,没有休止符。我们必须看到,目前改革全面进入深水区,易解决的问题基本解决,剩下的都是难啃的骨头、烫手的山芋、复杂的矛盾,解决这些深层次问题,需要更多的智慧与诚意,更大的决心、勇气与胆略,更需要各级领导干部锻造改革的勇气和攻坚的决心。

政治路线确定之后，干部就是决定性的因素。在改革开放的路线下，干部只有勇于、敢于、乐于当改革的闯将，才能形成巨大合力，将我们党的改革事业推向前进。为此，干部特别是年轻干部要从以下两个方面努力。

一是锻造改革的勇气。改革就是革新与创新，既前无古人可借鉴，也无现成模式供复制，必须开动脑筋，多谋善断，思新求变，勇闯新路，这就要求领导干部要有状态，有朝气蓬勃的精神面貌、不断进取的奋发斗志，避免墨守成规、拾人牙慧。特别是随着改革的继续推进和继续深入，硬骨头越多，困难越大。领导干部必须站在改革的一线和最前沿，挺身而出、一马当先，敢负责、敢作为、敢拍板、敢担当、敢碰硬，身体力行、真抓实干，以敢探深渊、敢踏险滩、敢攀险峰的精神披荆斩棘、一往无前，迎接改革、拥抱改革。决不能遇到困难绕道走，看到危险就缩头。

二是锻造攻坚的决心。对于领导干部来说，锻造攻坚的决心，就是要在改革中遇到困难和问题需要攻坚的时候，以勇往直前的昂扬之气和舍我其谁的无敌斗志去冲锋陷阵。领导干部既要善做运筹帷幄的将军，也要敢当赴汤蹈火的冲锋士兵，带头参与改革，积极投身改革，带领人民群众涌入改革的潮流，不断攻克改革中的一个个难题，不断啃下改革中的一个个硬骨头。如此，才能产生和释放"其身正，不令而行"的正能量及效果，才能创造"天翻地覆慨而慷"的改革伟业。

（二）把干事热情和科学精神结合起来

改革攻坚是一项既需要勇气也需要方法的工作，因此领导干部培养改革攻坚能力，其中重要的一项就是要将领导干部干事的热情和科学精神结合起来。具体有以下三个方面。

第一,领导干部满怀干事创业的热情是做好一切工作的前提。党的十八大结束后,习近平在新一届中央政治局常委与中外记者见面时,突出强调了"对民族的责任、对人民的责任和对党的责任",给全党同志传递的是对人民满怀深厚感情的宗旨意识,对党的事业高度负责的责任意识。领导干部充满干事创业的热情如何,本质上是对民族、对人民、对党的责任心够不够的问题。如果一个领导干部,对民族、人民和党抱有极强的责任心,对党和国家的事业抱有极高的热忱,一定会满怀干事创业的激情。这种激情不会因为年龄的增长而衰退,也不会因为个人境遇的改变而有所改变。领导干部因为自身肩负的职责,在各个领域承担着大大小小的任务,这些任务关系改革发展,关系人民福祉,从这个角度来说,只有用热情才能推动工作发展,只有用热情才能实现攻坚克难。在把责任转化为热情和动力的过程中,关键在于领导干部从内心明确自己的责任并在工作中找准路径,将这种责任化为工作内容。

第二,领导干部秉持干事创业的科学精神是做好一切工作的保障。实事求是,坚持一切从实际出发是中国共产党人世界观、方法论的基石。然而实事求是这个可贵精神和政治品格,在一些党员干部身上正在逐渐退化,有的甚至已经丢失。现实中,诸如鸵鸟心态、形式主义、弄虚作假、故步自封等各种影响改革深入推进的"拦路石"不容小觑,说到底还是违背了实事求是的科学精神。中国特色社会主义事业越前进、越发展,新情况、新问题就越多,面临的风险和挑战就越多,这就需要以实事求是的态度对待马克思主义经典,始终坚持实践才是检验真理的唯一标准。掌握和运用好实事求是这个马克思主义的精髓和灵魂,就要求领导干部树立科学的精神,在平时的学习和工作中多观察多思考,多学习现代科学文化知识,多思考现代信息传媒手段,多掌握现代施政理念,运用科学决策的方法,坚持科学决策的习惯,这样不仅能够起到事半功倍的效果,而且能够使各项决策和各方面工作都符合实际情况、符合客观规律、符合人民意愿。

第三，领导干部把干事热情和科学精神结合起来是做好一切工作的根本。对一个领导干部来说，光有干事的热情或者仅有科学精神是不够的，必须把两者结合起来。如果仅有干事的热情而不注重科学的精神，在工作中就有可能蛮干，有可能拍脑袋决策，甚至有可能湮没在纷繁复杂的信息里，从而贻误战机。如果仅有科学精神而不具备干事的热情，那么领导干部在改革攻坚中就可能显得冲劲不够，在关键时刻关键领域需要拍板的时候显得瞻前顾后，同样会贻误战机。因此，从全面辩证的角度看，领导干部必须把干事的热情和科学精神结合起来，既要有改革攻坚的激情、热情、闯劲，也要有求实的科学精神，通过现代科学理念和方法推动改革攻坚的顺利推进。

(三)将把握规律和变革创新结合起来

在把握规律的基础上进行变革创新是中国共产党人工作方法特点的集中体现。领导干部培养改革攻坚的能力，其中一个重要方面就是将把握规律和变革创新结合起来。

第一，领导干部要善于把握规律。善于把握规律，是我们党近百年来奋斗历程的一个明显特点。从一定意义上说，共产党人就是靠把握规律取得一个又一个胜利的。在革命战争年代，毛泽东正是把握了战争的规律，从而一次又一次取得了胜利。翻开《毛泽东选集》，《中国革命战争的战略问题》《抗日游击战争的战略问题》《论持久战》《新民主主义论》等篇目皆是把握规律的典范。后来，新中国成立之后，毛泽东把对战争规律的把握运用到了对朝鲜战争形势的分析中。针对当时存在的抗美援朝有无胜算的顾虑，毛泽东指出美帝国主义的军队有一长三短：它的钢铁多，飞机大炮多，是它的优势。但它在世界上的军事基地多，到处树敌，到处布防，兵源不足，是第一短；远隔重洋，是它的第二短；为侵略而战，师出无名，士气十分低落，是它的致命伤，这是第三短。虽有一长，不能敌这三短。我们则为抗美援朝而战，为保家卫国而战，士气高，兵源又足。我们并不希望速战速决，我们要进行持久战，一步一步消灭它的有生力量，使它每天都有伤亡。它一天不撤退，我们就打它一天，一年不撤退，就打它一年，十年不撤退，就打它十年。这样一来，它就伤亡多，受不了。到那时，它就只好心甘情愿进行和平解决。只要它愿意和平解决，我们就可以结束战争。事实证明，毛泽东这一战略分析是极为深刻、完全正确的。

第二，领导干部要善于变革创新。创新是一个民族进步的灵魂，是一个国家兴旺发达的不竭动力，也是一个政党永葆生机的源泉。新中国成立初期，毛泽东就是在制度方面进行创新，才确立了中共中央集体领导体制。1956年，毛泽东创意性地提出增设中央政治局常务委员会，并提议由党中央主席、副主席和中央书记处总书记一起组成该委员会，作为中央领导集体的核心。毛泽东认为，一个主席，一个副主席（指刘少奇同志），"感到孤单"，需要设几道"防风林"。他称，"天有不测风云，人有旦夕祸福"，这样就比较好办。如果只是个别受损害，或者因病，或者因故，要提前见马克思，那么总还有人顶着，我们这个国家也不会受影响，不像苏联那样，斯大林一死就不得下地了。我们就是要预备那一手。同时，多几个人，工作上也有好处。他特别说道，这一安排，中心的目的就是为了国家的安全，多几个人，大家都负一点责任。他建议，（中央政治局）常委，准备就由主席、副主席和总书记组成。毛泽东还专门介绍了邓小平和陈云，称他们为"少壮派"——当时邓小平和陈云分别为52岁和51岁。这样安排就在中央政治局常委形成两个梯队，邓小平和陈云是属于毛泽东特意安排的"少壮派"梯队。

七位中央政治局常委，代表六大机构：中共中央、全国人大、国家主席、国务院、全国政协、中央军委。中央政治局常委会充分发挥了集体领导、个人分工、内部协调、形成合力的领导核心作用。毛泽东这一设想是深谋远虑的，也是高瞻远瞩的。中国作为世界人口最多的国家，又是社会主义国家，倘若遭遇不测风云，把国家前途和命运系在一两个人身上是极其危险的。毛泽东为了避免将中国的前途和命运系在一两个人身上，也包括他本人，创造性地设计了这一中央政治局常委会集体领导核心政治制度。

在当前国际发展竞争日趋激烈的形势下，领导干部在工作中遇到更多新情况、新问题，必须提高创新能力。要善于用时代的眼光和发展的观点分析、思考问题，探索新路子，融入自己的创新智慧，不断提高创新水平，不断提高自身素质，为社会主义建设作出自己的贡献，凝聚干事创业的强大力量。

第三，领导干部要善于将把握规律和变革创新结合起来。把握规律和变革创新是不可分割的，在实践中一旦将两者分割开来，必然要犯这样那样的错误。我们共产党人是历史唯物主义者，唯物辩证法是我们认识世界的有力思想武器。按照唯物辩证法，我们是两点论和重点论的统一论者，必须善于将把握规律和变革创新结合起来。

变革创新不是标新立异，也不是漫无目的另起炉灶，而是在充分把握规律的基础上进行的符合规律的创新。否则，会给党和国家事业带来巨大损害。因此，领导干部要充分认识事物发展规律，在此基础上进行创新才有利于推动事业的发展。另外，对于党的各级领导干部来说，把握规律就是为了变革创新。如果不以此为目标，就失去了把握规律的意义。

但是我们万万不可将把握规律和变革创新割裂开来，两者是辩证统一的关系。只有在实践中恰到好处地把握两者之间的关系，才能良性推动工作向前发展。既能够在该把握时机的时候抓住机遇进行创新，又能够在创新中进一步深化对事物规律的认识。

第二章
基层干部担当作为:践行正确政绩观

习近平强调:"我们做事情、干工作,如果做到了上有利于国家、下有利于人民;既符合国家和人民眼前利益的要求,又符合国家和人民长远利益的要求;既能促进经济社会发展,又能促进国家富强和人民幸福,那就做出了党和人民所需要的真正的政绩。"①树立正确的政绩观,是我们党对党员干部的一贯要求,其核心要义就是回答和解决好为谁创造政绩、创造什么样的政绩、如何创造政绩和怎样衡量政绩这些重大问题。

一、明确把造福人民作为最大政绩

"为谁创造政绩"反映的是创造政绩的根本目的,是政绩观的价值判断问题。毛泽东曾指出:"为什么人的问题,是一个根本的问题,原则的问题。"②习

---

① 习近平:《关键在于抓落实》,《求是》,2011 年第 6 期。
② 《毛泽东选集》(第三卷),人民出版社,1991 年,第 857 页。

近平强调："树立正确的政绩观"，"首先，必须解决好'政绩为谁而树'的问题"。中国共产党的性质和宗旨决定了党员干部创造政绩必须是为了人民。坚持"把实现好、维护好、发展好人民群众的根本利益作为出发点和落脚点""不断增强人民群众获得感、幸福感、安全感"，[①]这就为广大党员干部树立正确的政绩观指明了方向。2020年11月5日，中共中央组织部印发《关于改进推动高质量发展的政绩考核的通知》，要求引导领导干部践行以人民为中心的发展思想，用心用情用力解决群众关切的实际问题。

（一）始终把人民放在心中最高位置

马克思主义认为，历史活动是群众的事业，人民群众是社会发展与变革的推动者和决定性力量。人民群众是历史的创造者，群众是真正的英雄。中国共产党能在100多年的时间里从几十人的革命党成长为拥有9900多万名党员的大国执政党，成功引领中国的革命、建设和改革进程，离不开人民群众的鼎力支持。中华人民共和国成立七十多年来，国家发展取得的巨大成就更是离不开亿万人民群众胼手胝足的奋斗。人民是共和国的坚实根基，人民是我们党执政的最大底气。

得民心者得天下，失民心者失天下，这是一条历史铁律。苏联共产党曾经是一个拥有九十余年历史、近两千多万名党员、独掌政权74年的大党。那究竟是什么原因导致这个大党、老党最终丧失政权了呢？著名经济学家、党建研究专家黄苇町在《苏共亡党十年祭》一书中写道："在苏联解体前，当时的苏联社会科学院曾进行过一次民意调查。调查结果显示：被调查者认为苏

① 习近平：《干在实处　走在前列——推进浙江新发展的思考与实践》，中共中央党校出版社，2006年，第413页。

共仍然能够代表工人的占 4%,认为代表全体人民的占 7%,认为苏共代表全体党员的也只占 11%, 而认为苏共代表干部、代表机关工作人员的竟高达 85%。"①由此可见,苏联共产党丧失政权的原因固然很多,但其中一条主要原因就是苏联共产党的领导干部严重脱离了人民群众,失去了民心。

2020 年,面对突如其来的新冠肺炎疫情,习近平时刻挂念着人民群众的生命安危,亲自指挥、亲自部署,要求"把人民群众生命安全和身体健康放在第一位"。在疫情形势严峻复杂,防控处在最吃劲的关键阶段,提出"应收尽收、应治尽治"的原则,要求切实保障基本民生,强化对困难群众的兜底保障。在湖北省武汉市实地考察时,习近平叮嘱各级干部,武汉人喜欢吃活鱼,在条件允许的情况下应多组织供应……这既是习近平对各级政府的要求,也是对人民的庄严承诺,彰显出共产党人的为民情怀,是对我们党"我是谁""为了谁""依靠谁"的深刻回答。

(二)始终全心全意为人民服务

中国共产党的根基在人民,血脉在人民。党员干部要把以人民为中心的发展思想落到实处,把造福人民作为最大政绩,始终全心全意为人民服务。

为人民群众谋利益,还是为个人谋私利,是衡量党员干部政绩观正确与否的分水岭。中共湖南省委原副书记郑培民,始终把"做官先做人,万事民为先"作为自己的行为准则,廉洁从政,鞠躬尽瘁,真心诚意地为人民谋利益,以自己的模范行为和崇高品德,赢得了广大群众的衷心赞誉,被人们亲切地称为"为民书记"。"老百姓比天还大",是郑培民群众观的形象概括。1990 年,

---

① 黄苇町:《苏共亡党十年祭》,江西高校出版社,2004 年,第 79 页。

郑培民调到全国著名的少数民族贫困山区湘西土家族苗族自治州任州委书记。在就任的当年，他就跑遍了全州218个乡镇。他的车里常备一床棉被，有时候下乡，半夜也回不到吉首，就在车里凑合一夜。也就是从这一年起，湘西土家族苗族自治州开始推行"双两大"地膜玉米新技术；也就是从这一年起，全州的粮食开始自给。1998年，常德发生洪水灾害。时任省委副书记的郑培民，在安乡指挥了抗洪抢险三大战役，保住了安乡县城，扼住了洪水之喉，拒千里洪峰于湖南重镇常德市之外。2018年，《伟大的变革——庆祝改革开放40周年大型展览》将郑培民列入100位优秀共产党员名录，将其评为改革开放40年"榜样的力量"。但是现实生活中也有一些党员干部，把政绩与自我、小我紧密联系，考虑的不是老百姓的利益，而是为自己树碑立传，捞取政治资本。实践证明，这样的"政绩"越多，扰民越甚，害民越深。这是错误的政绩观，是党员干部一定要防止和纠正的。

民有所呼，我有所应。"共产党人的政绩，就是做得人心、暖人心、稳人心的事，就是解决群众最关心、最迫切需要解决的问题。"能否做到全心全意、真心实意地为人民服务，反映到党员干部的工作实效中，体现出的是党员干部政绩观的内涵。"必须坚持发展为了人民、发展依靠人民、发展成果由人民共享"，"全面小康是全体中国人民的小康，不能出现有人掉队"，"小康不小康，关键看老乡"。在新的历史时期，"中国梦的本质是国家富强、民族振兴、人民幸福"。坚持以人民为中心的发展思想、全面建成小康社会、实现中华民族伟大复兴的中国梦，人民群众都是创造者和享有者。党员干部要站在人民群众的立场上思考问题，把为人民群众谋利益作为基本的价值理念，始终全心全意为人民服务。只有人民群众的根本利益得到维护，基本需求得到满足，人民群众的获得感和幸福感才会增强。

（三）始终为人民利益和幸福而努力工作

我国是社会主义国家，人民是国家的主人，人民的根本利益是国家事业发展的根本目的。习近平强调："中国共产党人的初心和使命，就是为中国人民谋幸福，为中华民族谋复兴"①，人民对美好生活的向往，就是我们的奋斗目标。

中国古代有"当官不为民做主，不如回家卖红薯"的俗语。其实，还有一句俗语，叫"衙门口朝南开，有理无钱莫进来"。也就是说，在封建社会能够为百姓着想的清官，是凤毛麟角，少之又少的。而对共产党来说，群众观点是马克思主义的基本观点，群众路线是我们党的根本路线，我们党没有任何私利可图，有的只是为人民服务，有的只是为人民群众谋福利，全心全意为人民服务是党的根本宗旨。马克思、恩格斯在《共产党宣言》中指出："过去的一切运动都是少数人的，或者为少数人谋利益的运动。无产阶级的运动是绝大多数人的，为绝大多数人谋利益的独立的运动。"②我们的国家叫"中华人民共和国"，我们的政府叫"人民政府"，我们的军队叫"中国人民解放军"，我们的大会堂叫"人民大会堂"……以"人民"冠名，反映的就是中华人民共和国不同于以往封建社会的政权统治，不同于其他剥削阶级国家的社会主义国家性质。从土地革命"打土豪，分田地"到解放战争"打倒蒋介石，解放全中国"，共产党的政绩一直为人民而树，始终以人民群众的根本利益为出发点和落脚点。党员干部创造政绩必须坚持始终为人民利益和人民幸福而努力工作，这是由唯物史观、党和国家的性质及党的历史实践经验所决定的。

---

① 习近平：《决胜全面建成小康社会 夺取新时代中国特色社会主义伟大胜利——在中国共产党第十九次全国代表大会上的报告》，《人民日报》，2017 年 10 月 19 日。

② 《马克思恩格斯选集》（第一卷），人民出版社，2012 年，第 411 页。

1945 年,毛泽东在党的七大上所作的政治报告中指出:"我们共产党人区别于其他任何政党的又一个显著的标志,就是和最广大的人民群众取得最密切的联系。全心全意地为人民服务,一刻也不脱离群众;一切从人民的利益出发,而不是从个人或小集团的利益出发;向人民负责和向党的领导机关负责的一致性;这些就是我们的出发点。"①"县委书记的好榜样"焦裕禄亲民爱民,带领兰考人民暮雪朝霜,与自然灾害进行顽强斗争,努力改变兰考面貌;"山东寿光蔬菜产业的推动者"王伯祥带领群众大力发展蔬菜批发市场,扶持冬暖式蔬菜大棚试验推广,改写了农业历史;"全国优秀组织工作干部"杨汉军淡泊明志、夙夜在公、一心为民,生前从不利用职务之便谋取私利,从不向组织提个人要求……无数党员干部坚持"以民之所望,为施政所向",将人民群众的利益作为为人民服务的出发点和落脚点,把人民群众的期盼作为工作努力的方向和目标,把为民惠民理念融入具体工作中,努力提升人民群众的"幸福指数"。

二、科学认识政绩的实质是谋发展

追求政绩是党员干部职务本身的内在要求。但创造什么样的政绩,却如同一面镜子,会照出党员干部的境界、情怀,反映出党员干部的政绩观。什么是党员干部的政绩观,即必须解决好"树什么样的政绩"的问题,换言之,"真正的政绩应是'为官一任、造福一方'的实绩"。党员干部受人民重托、担一方之责,理当积极作为、不懒政怠政,创造利国利民的政绩,创造实实在在的政绩。

---

① 《毛泽东选集》(第三卷),人民出版社,1991 年,第 1094~1095 页。

（一）积极作为不懒政怠政

2018年3月8日，习近平在参加党的十三届全国人大一次会议山东代表团审议时强调："功成不必在我并不是消极、怠政、不作为，而是要牢固树立正确政绩观。"[①]他曾指出，"对于领导干部来说，为一方经济社会发展，为一方百姓造福，应该有政绩，也必须追求政绩"。可见，强调树立正确的政绩观，并不是不要政绩；不要政绩工程，不等于不要政绩，也不是否定一切政绩，更不是让各级党员干部消极无为、得过且过。恰恰相反，我们党历来鼓励和支持各级党员干部创造政绩，但这个政绩必须是真实的政绩，是党和人民满意的政绩。这是树立正确政绩观的基本前提。中央要求牢固树立和认真落实正确的政绩观，基本前提就是要求各级党员干部在正确的理论和科学的方法指导下，认真履行职责，创造出实实在在的政绩，真正做到"为官一任、造福一方"。

从我们党成立以来，千千万万党员干部在自己的工作岗位上，兢兢业业带领群众追求美好生活，人民生活水平稳步提高，国家逐步实现站起来、富起来到强起来的历程，在实现中华民族伟大复兴的征程中步履铿锵、稳步前行。然而也有少数党员干部"做一天和尚撞一天钟""宁愿少干事不干事，只要保证不出事"，遇到矛盾绕，面对困难躲，解决问题拖；敷衍推诿、消极怠工，对群众的诉求不闻不问或睁一只眼闭一只眼，一心一意做"太平官""躲事佬"。电视剧《人民的名义》中有个爱看星星的领导孙连城。这个区长每天掐着表上下班，不迟到不早退，不贪不占、不吃请不受礼，却从来不干事。群

---

① 《习近平关于"不忘初心、牢记使命"论述摘编》，中央文献出版社、党建读物出版社，2019年，第196页。

众反映信访办窗口太矮,市委书记敦促整改,他就干脆派人买来4个小板凳敷衍了事。孙连城有句话:"无私者无畏",言外之意是自己不贪也不占,即使庸庸碌碌也没什么好害怕的。这种现象绝不仅仅出现在电视剧中。在《人民的名义》热播后,全国多地"蹲窗"被曝光,随即被曝光的还有多地2米高的意见箱。无论是"矮人一等"的"蹲窗"还是"高高在上"的意见箱,凸显的都是部分党员干部不作为的懒政怠政问题。

党员干部不作为、懒政怠政,必问责。2018年6月6日,浙江省温州市纪委通报平阳县体育局党组书记、局长许某某等4名干部在县体育中心周某某挪用公款案中存在不作为问题,受到广泛关注。此前,曾担任体育中心会计的周某某,因挪用公款罪造成国有资产损失总计276万余元,被平阳县人民法院判处有期徒刑6年零6个月。为何一人贪腐,还问责了4名领导干部?原因就是这4名领导干部在落实"主体责任"、履行"一岗双责"方面严重失职,放松了对选人用人、制度落实、监督管理"三道关口"的要求,导致国有财产出现巨额损失、无法挽回。

(二)创造利国利民的政绩

毋庸置疑,有什么样的政绩观直接决定着一名党员干部的选择和作为。如果对"创造什么样的政绩"这一问题回答不科学,"追求政绩"的实践就必然会盲目抓瞎,很可能出现偏差。党员干部创造的政绩必须是在为人民群众过上美好生活的奋斗中、在实现党和国家的奋斗目标中创造出来的利国利民的政绩。

生态环境问题是利国利民、"功在当代利在千秋"的一项重要工作。在唯GDP(国内生产总值)论政绩的那个年代,片面追求经济增长,以牺牲生态环境为代价换取经济增长成为一些党员干部追求所谓政绩的不二法门。结果GDP上去了，环境却污染了；金山银山到手了，绿水青山却失去了……树立正确的政绩观，就要以对人民群众、对子孙后代高度负责的态度和责任，真正探索出一条经济发展和环境保护相协调的新路，实现经济社会发展与生态环境保护的共赢。

全国第一个生态县——浙江省安吉县，是习近平首次提出"绿水青山就是金山银山"的地方。这里"七山一水二分田"，层峦叠嶂、翠竹绵延，被誉为气净、水净、土净的"三净之地"。可谁能想到，这样一个环境优美、经济富庶、全国美丽乡村的典范之地，曾是环境严重污染的地区，是浙江省25个贫困县之一。20世纪八九十年代，安吉学习"工业强县"模式，引进印染、造纸、化工等污染重、能耗高的项目，造成严重污染，被国务院列为太湖水污染治理重点区域。痛定思痛，安吉县委、县政府意识到，安吉最大的优势是良好的生态环境，只有顺势而为，变环境优势为经济优势，安吉的经济发展才有出路。于是，他们突出生态建设、推动绿色发展，以占全国1.8%的立竹资源创造了20%的竹业产值。"一根翠竹，催生了一个产业，撑起了一方经济，富裕了一方百姓。"2012年，安吉县获"联合国人居奖"，成为我国首个"联合国人居奖"获得县。

民生无小事，枝叶总关情。党的十八大以来，无论是构建世界上规模最大的社会保障体系，攻克世界上最复杂的扶贫难题，还是履行新冠肺炎疫情防控中"人民至上、生命至上"的承诺，习近平同志为核心的党中央始终以人民的根本利益为出发点和落脚点，千方百计为群众排忧解难。人民不会忘记，习近平在湘西十八洞村与村民的围炉夜话，到河北阜平农民炕上的盘腿而坐，雾霾天里在南锣鼓巷同老街坊的亲切交谈，考察武汉新冠肺炎疫情防控工作时对工作人员的殷殷叮嘱……习近平最为牵挂的始终是人民群众；

党中央的执政理念,最为鲜明的是人民至上。这是以人民为中心的发展思想的生动写照,是当代共产党人初心和使命的生动写照。

民生工作面广量大,任何一件小事乘以 14 亿人口都是一项巨大的挑战。这就要求党员干部抓落实、谋发展、促民生,必须找准政策发力点、提高治理精准度。被中共中央宣传部授予"时代楷模"称号的甘肃省临洮县委原副书记、县长柴生芳,心系百姓、情系民生、勇于担当,坚持把改善国计民生作为地方经济发展的根本,经常深入农户、企业调研,协调解决了一大批涉及群众切身利益的实际困难和问题。针对多年来城区供热矛盾多、群众意见大的问题,在县财政十分拮据的情况下,他克服压力,多方融资,启动实施了城市集中供热项目,这是临洮历史上单体工程投资最大的城建项目,集中供热面积达四百万平方米,惠及城区四万多住户。在临洮县工作期间,他跑遍了全县绝大多数行政村,走访和接待群众近五千人次,千方百计解决群众吃水难、行路难、上学难、看病难等现实问题。因长期超负荷工作,劳累过度,诱发心源性猝死,柴生芳于 2014 年 8 月 15 日凌晨在办公室不幸去世,年仅 45 岁。2019 年,在庆祝新中国成立 70 周年之际,柴生芳荣获"最美奋斗者"称号。

2020 年,受新冠肺炎疫情影响,世界经济深度衰退,我国经济下行压力加大,保障与改善民生的困难增多。各级党员干部虽然面临的挑战和压力增大,但无论如何,让人民过上好日子这一点必须始终不渝、毫不动摇。

(三)创造实实在在的政绩

党员干部创造的政绩应当是全面的、实实在在的、没有水分的政绩。树立正确的政绩观,必须创造出符合人民群众利益和需求的实实在在的政绩,而不是为了迎合、讨好上级,搞一些假大空的、劳民又伤财的"形象工程""政绩工程""虚假工程"。中共中央组织部印发的《关于改进推动高质量发展的政绩考核的通知》明确要求,不搞"形象工程""政绩工程",要注重考核民生保障目标任务完成情况,推动领导干部把人民安危冷暖、安居乐业放在心上,把为民造福作为最重要的政绩。

"政声人去后,丰碑在人间。"他带领群众植下的满岛木麻黄,如今已长成防风固沙的茂密森林;去世 40 年,却仍为当地民众深深怀念;当地老百姓尊他为"谷公";"先祭谷公,后祭祖宗"成为当地多年的习俗;习近平曾撰文称赞他:"在老百姓心中树起了一座不朽的丰碑"。他,就是福建省东山县原县委书记、"时代先锋"——谷文昌。东山岛东南部,原有 3.5 万多亩荒沙滩,狂风起时飞沙侵袭村庄、吞噬田园。谷文昌到东山了解到这一情况后,动情地说:"不制服这风沙灾害,东山人民是无法过好日子的。要治穷,得先除害!"他立下铮铮誓言:"不制服风沙,就让风沙把我埋掉!"1960 年夏天,东山全县掀起轰轰烈烈而又扎扎实实的全民造林运动。到 1964 年全县造林 8.2 万亩,400 多座小山丘和 3 万多亩荒沙滩基本完成绿化工作,194 千米的海岸线上筑起了"绿色长城"。今天的东山,天蓝、水碧、沙白、林绿。东山岛获得"国家级生态县"的美誉。2009 年,谷文昌被评为"100 位新中国成立以来感动中国人物",2015 年获"时代先锋"称号。

"领着群众干,做给领导看,风风光光上马,冷冷清清收场。"为了尽快干出政绩,一些地方领导干部严重脱离当地财政实际情况,不惜"杀鸡取卵",结果却造成"一个人的政绩,几代人的包袱"。辽宁省抚顺市有一座被称为"生命之环"的建筑,平均直径高达 157 米,相当于 50 层楼高,整座建筑采用钢结构网架,并覆盖着金属幕墙,上面还安装有 1.2 万只 LED 灯。这座斥资亿元的"大铁环"现如今却只能用来观赏。再比如,一些欠发达地区,兴建一所高大上的厕所便花费数十万,严重与当地经济社会发展水平不相符,这些都严重侵蚀了党的执政根基。2019年,中央"不忘初心、牢记使命"主题教育领导小组印发《关于整治"景观亮化工程"过度化等"政绩工程"、"面子工程"问题的通知》,要求把整治"景观亮化工程"过度化等"政绩工程""面子工程"问题纳入主题教育专项整治内容,充分表明这些所谓的"政绩工程""面子工程",与我们党的伟大事业,人民群众的切身利益背道而驰,损害党和政府的公信力,啃食群众的获得感,必须精准施治、真整实改,还信于民。

习近平在浙江履职期间指出:"各地的实际情况不同,树政绩的要求和侧重点也应有所不同","GDP快速增长是政绩,生态保护和建设也是政绩;经济社会发展是政绩,维护社会稳定也是政绩;解决经济发展中的问题是政绩,解决民生问题同样也是政绩"。①因此,只有根据本地区实际创造出的促进地区发展、满足人民美好生活需要的实实在在的政绩才是好政绩。

三、依靠脚踏实地、埋头苦干创造政绩

"空谈误国,实干兴邦。"这是人们从千百年来治国理政的经验教训中总结出来的一个重要结论。正所谓,"道虽迩,不行不至;事虽小,不为不成"。政绩是在党员干部脚踏实地、实实在在地为人民群众服务的过程中积累起来的,是在带领人民群众走向美好生活的过程中将一件件大事小事落实、埋头苦干建立起来的。

---

① 习近平:《干在实处走在前列——推进浙江新发展的思考与实践》,中共中央党校出版社,2006年,第414页。

（一）脚踏实地、埋头苦干的优良传统

鲁迅说："我们自古以来，就有埋头苦干的人，有拼命硬干的人，有为民请命的人，有舍身求法的人……这就是中国的脊梁。"①脚踏实地、埋头苦干历来是我们党的优良传统，是共产党人的实践品质。毛泽东要求共产党员一定要有"认真实干"的精神，强调"一件事不做则已，做则必做到底，做到最后胜利"。邓小平强调"多做实事，少说空话"，凡事都"要落在实处"，"开会、讲话都要解决问题"。习近平强调："抓铁有痕，踏石留印""扑下身子，狠抓落实""撸起袖子加油干"。

中国共产党人正是凭着脚踏实地、埋头苦干的精神，赢得了中国人民的衷心拥护和信赖。抗日战争时期，中共石油战线厂的首任厂长，陕甘宁边区特等劳动模范、延长石油厂厂长陈振夏，埋头苦干，以身作则，虚心向群众学习采石油技术，恢复旧井，打出新井，大大提高了石油产量，带领延长石油厂创造了一个又一个奇迹。1944年，毛泽东为其题词"埋头苦干"。"当代愚公"黄大发也是党员干部学习的榜样。为了让村民们能吃上大米，从20世纪60年代起，贵州省遵义市播州区平正仡佬族乡草王坝大队老支书黄大发，历经风雨，带领群众埋头苦干了三十余年，靠着锄头、钢钎、铁锤和双手，在绝壁上凿出一条长9400米、地跨3个村的"生命渠"，结束了草王坝长期缺水的历史……他们把政绩写在坚实大地上、写进群众心坎里，在人民心中树立了永恒的丰碑。

---

① 鲁迅：《且介亭杂文》，人民文学出版社，1973年，第76页。

(二)发扬真抓实干、尽责担当的良好作风

古人云:"为政贵在行。"树立正确的政绩观,需要真抓实干、尽责担当。习近平曾指出:"能否坚持求真务实,为人民群众真心诚意办实事,坚持不懈做好事,尽心竭力解难事,与领导干部的政绩观、发展观是否正确、是否科学有密切关系。"①创造政绩来不得半点虚假,更没有任何捷径可走,唯有脚踏实地、埋头苦干,才能取得成效。

真正的政绩不是从天上掉下来的,也不是领导封出来的,更不是虚假的数据堆出来的,而是靠求真务实、开拓创新,实打实地干出来的。党员干部要带头做老实人、说老实话、办老实事,真抓实干。2017 年 12 月 25 日至 26 日,在党的十九大后的中共中央政治局首次民主生活会上,习近平强调:"抓落实来不得花拳绣腿,光喊口号、不行动不行,单单开会、发文件不够,必须落到实处……要有真抓的实劲、敢抓的狠劲、善抓的巧劲、常抓的韧劲,抓铁有痕、踏石留印抓落实。"

坚持实事求是、按客观规律办事,既是马克思主义的立场、观点、方法,也是树立正确的政绩观的核心内容。因此,抓工作创政绩,首要的是要坚持实事求是,探索所做工作本身的内在规律。坚决杜绝不求甚解,盲目跟风,徒有热情,即"思路不清胆子大,情况不明点子多"的现象。以尊重规律、把握规律为条件,一切按客观规律办事,摒弃急功近利思想,不做超越发展阶段的事情,立足当前、着眼长远,脚踏实地、埋头苦干,一步一步把事业推向前进。这就要求我们必须加强学习,进一步转变发展观念,贯彻新发展理念,知国

---

① 习近平:《之江新语》,浙江人民出版社,2007 年,第 34 页。

情、晓国策、明国法,研究和把握执政规律、市场经济规律、人类社会发展规律,从而使各项工作体现时代性、把握规律性、富有创造性。

锐意创新,积极进取,创造政绩。党的十九大报告指出,创新是引领发展的第一动力,是建设现代化经济体系的战略支撑。创新能力是党员干部干事创业的能力结构中的一个最本质的要素,也是党员干部价值的最高体现。树立正确的政绩观,努力建设创新型国家,开辟创新型事业,取得创新型成就,必须不断提升党员干部的创新能力。当前,尽管"社会大局稳定,继续发展具有多方面优势和条件",但我国发展不平衡不充分问题仍然突出,重点领域关键环节改革任务仍然艰巨,创新能力不适应高质量发展要求,农业基础还不稳固,城乡区域发展和收入分配差距较大,生态环保任重道远,民生保障存在短板,社会治理还有弱项。因此,在干事创业中难免遇到这样或那样的问题,甚至遇到难啃的"硬骨头",党员干部要敢于正视问题、敢于大胆攻坚、敢于担当作为,自觉用习近平新时代中国特色社会主义思想武装头脑,不断增强改革创新本领,转变工作思路,创新方式方法,积极营造良好发展环境,拓展发展潜能,努力把党和人民的事业向前推进。

(三)坚决纠治形式主义、官僚主义

脚踏实地、埋头苦干的对立面,就是好高骛远,搞形式主义、官僚主义。现在,大多数党员干部能够做到脚踏实地、真抓实干。但不可否认,在少数党员干部中还存在着比较严重的形式主义、官僚主义。有这样一副对联,上联是"你开会我开会大家都开会",下联是"你发文我发文大家都发文",横批是"谁来落实"。这是对屡禁不止的"文山会海"的辛辣讽刺。在一些部门和单位,规章制度高高挂起、形同虚设,各种检查、评比、考核过多过滥,领导干部下基层走马观花、蜻蜓点水，热衷于看风向、赶时髦，喊不着边际的空口号，提不切实际的高指标等。这些形式主义造成人力、物力、财力和时间的浪费，助长弄虚作假、投机取巧的心理和好大喜功的浮夸作风，严重损害党和政府的威信。2020年2月23日，习近平在统筹推进新冠肺炎疫情防控和经济社会发展工作部署会议上指出，"要防止各条线多头重复向基层派任务、要表格，坚决纠正形式主义、官僚主义做法，让广大基层干部把更多精力投入到抓好疫情防控和复工复产一线工作之中"①。

事实上，形式主义并不是今天才有的。早在1953年，区乡工作中就出现了"任务多，会议集训多，公文报告表册多，组织多，积极分子兼职多"的"五多"问题。中共华北局报告说，"河北盐山县农村除随便召开卖豆饼、贷款、卖酒、储蓄、保险等群众大会，孤立地召开各系统的干部会议、业务会议外，还要过各种日：除党日、团日外，还有民兵战斗日、妇女解放日、爱国检查日，所谓'日'，也就是会。有的村庄竟在一个月内召开群众大会28次之多"。"辽东省在1952年第三季度内，省属11个单位、20个县市和5个区镇就自行颁发316种调查统计表格，计日报11种、三日报2种、五日报31种、旬报31种、月报89种、季报31种、半年报5种、年报8种、一次调查108种，其中发到区村镇报的145种。而且很多报表互相重复、毫无意义。"五多"问题引起基层干部群众的极大不满，党中央对症下药予以坚决纠治。经过整治，"五多"问题在不同程度上得到解决。习近平指出，形式主义实质是主观主义、功利主义，根源是政绩观错位、责任心缺失，用轰轰烈烈的形式代替了扎扎实实的落实，用光鲜靓丽的外表掩盖了矛盾和问题，必须坚决予以纠治。

形式主义如果不坚决纠正，任其发展下去，就会像一座无形的墙把我们

---

① 《毫不放松抓紧抓实抓细防控工作 统筹做好经济社会发展各项工作》，《人民日报》，2020年2月24日。

党和人民群众隔开,我们党就会失去根基、失去血脉、失去力量。回顾党的历史,可以看出,反对形式主义不是一朝一夕的事,必须勤于斗争,久久为功。也正因如此,我们党对形式主义、官僚主义等不良作风坚持加以整治。党中央把颁布执行中央八项规定作为切入口,持续深化"四风"整治。2019年作为"基层减负年",提出确保发给县级以下的文件、召开的会议减少30%~50%,持续为基层减负,把资源真正用到发展经济和改善民生等有效工作上来。

四、经得起群众、实践和历史的考验

衡量正确政绩观的根本标准,就是要看创造的政绩是否经得起群众、实践和历史的检验。真正的政绩应是为党和人民踏实工作的实绩,这就为党员干部树立正确的政绩观提出了明确要求和标准。

(一)政绩要经得起群众检验

人民群众是实践的主体,也是政绩的评判者。中国共产党是中国人民的先锋队,代表最广大人民的根本利益。创造政绩、做出实绩,是为了造福于民。因此,衡量政绩好不好,最主要最根本的是看人民群众对政绩的反应,看人民群众对政绩的评价。检验政绩的最终标准,是人民拥护不拥护、赞成不赞成、高兴不高兴、答应不答应。习近平指出,中国共产党把为民办事、为民造福作为最重要的政绩,把为老百姓做了多少好事、实事作为检验政绩的重要标准。

"我将无我,不负人民",习近平身体力行,为全党作出了表率。党的十八大以来,从革命老区到北国边陲,从黄土高原到太行深处,从农贸市场到贫困户家中,习近平以脚步丈量祖国大地,用真心聆听人民心声,用实干履行庄严承诺。

党的根本宗旨是全心全意为人民服务,发展为了人民,发展依靠人民,发展成果由人民共享,脱离人民群众需要的"发展"没有任何意义。比如,企业排出去的污水毒气得不到有效控制,附近人民群众的健康和生命受到直接威胁,即使工业生产能够大幅拉动 GDP 的增长,人民群众也不会支持和拥护;"满眼高楼大厦平地起,群众囊中羞涩买不起"。房子建得再多再高再漂亮,人民群众也不会产生幸福感。"知屋漏者在宇下,知政失者在草野",人民群众对党员干部政绩的感受最为直接、最为真切,判断最准确,也最有发言权。"天地之间有杆秤,那秤砣是老百姓。"党员干部在任何时候任何情况下,都要坚持把最广大人民的根本利益放在首位,自觉用人民群众的根本利益来检验自己的工作和政绩,必须做到凡是造福于民、群众需要的事情就一定要想方设法办好,凡是有损人民群众利益的事情就坚决不办。

(二)政绩要经得起实践检验

政绩是在社会实践中创造的,判断政绩是真实还是虚假,必须由实践来检验。实践的观点,是马克思主义认识论首要的基本的观点。用实践的观点看政绩,就是要充分认识到,政绩是在社会实践中创造的,而判断是真政绩还是假政绩,又必须回到实践中去,通过"主观见之于客观"的行动,才能得到证明。真正的政绩必须能够经得起实践的检验。坚持实践出真知,实践是检验真理的唯一标准,是中国共产党的鲜明品格。在党员干部政绩中坚持实践标准,是正确政绩观的必然。

党员干部从事的工作是在党的理论、路线、方针、政策等指导下进行的，是"客观反映于主观"的产物，是否正确和能否成功，必须通过"主观见之于客观"的实践活动检验。有的党员干部急于求成，想回避矛盾和问题走捷径，搞形式主义迎合上级，搞虚报浮夸蒙骗上级领导和群众，这样的假政绩既不能解决实际问题，又经不起实践的检验，迟早会被实践所否定。安徽省原副省长王怀忠主政阜阳期间，盲目上马阜阳国际机场项目，耗资 3 个亿；"大手笔"建设阜阳电厂，前后折腾了 8 年，前期投入就高达数亿元；突发奇想建世界上最大的动物园——龙潭虎穴。结果阜阳国际机场每条航线的年度财政补贴高达 400 万元；阜阳电厂没建完就陷入停工状态；动物园工程历时 3 年，耗资千万最终半途而废。这样违反客观规律和地方实际的"政绩工程"在各地时有发生，劳民伤财，极大地损害了当地政府和党员干部的公信力和号召力。

政绩要经得起实践检验，就是告诫党员干部不搞"形象工程""面子工程"，要讲实话，办实事，不做表面文章。中国特色社会主义是前无古人的伟大实践，需要各级党员干部在实践中研究新情况，拿出新办法，解决新问题。

(三)政绩要经得起历史检验

历史发展处在不同的阶段，我们会面临不同的时代课题。任何政绩都必须放到历史的长河中去考察，分析其作用和影响，不能只看短期效果而忽视了长期作用。因此，政绩不仅要在当下造福人民，更要经得起历史检验。

中国共产党党员是历史唯物主义者，创造无愧于历史、经得起历史检验的政绩，是每名党员干部必须具备的历史自觉。应该说，绝大多数党员干部是具备了这种历史自觉的。但也确有一些党员干部存在急功近利的心态和做法,以牺牲环境、牺牲长远利益为代价换取一时繁荣,不注重打基础、利长远,导致地区污染严重、产能过剩,群众怨声载道。因此,党员干部必须树立历史眼光,科学把握经济社会发展的主要矛盾和客观规律,作出符合客观实际的科学决策,决不能图"一时痛快",做出涸泽而渔、焚林而猎的短视行为;要注重提高谋划长远的能力,主动维护长远利益,创造出经得起实践、人民、历史检验的政绩。

第三章
基层干部担当作为：坚守初心使命

2014 年 5 月 8 日，习近平在同中央办公厅各单位班子成员和干部职工代表座谈时指出："我们共产党人讲奉献，就要有一颗为党为人民矢志奋斗的心，有了这颗心，就会'痛并快乐着'，再怎么艰苦也是美的、再怎么付出也是甜的，就不会患得患失。这才是符合党和人民要求的大奉献。"①

一、无产阶级政党政治本色

马克思主义政党是无产阶级的先锋队，是为绝大多数人谋利益，最高理想和最终目标是实现人人都能过上幸福美好生活的共产主义。中国共产党作为马克思主义政党，是世界上最有奉献精神的先进政党，甘于奉献是中国共产党的政治本色。

---

① 《习近平关于党风廉政建设和反腐败斗争论述摘编》，中央文献出版社、中国方正出版社，2015 年，第 144~145 页。

（一）与世界上其他政党相比，甘于奉献是中国共产党的政治本色

政党是随着社会发展而产生的。关于政党的定义，西方现代政治研究者认为，政党是指社会中一定阶层的人组织起来，为了实现某种政治目标有计划地组织起来的政治组织。"大家知道英文中，党这个词叫'party'，在法文叫'parti'，西班牙文叫'partido'，词根都是 part'，也就是'部分'的意思。所以西方的政党理论，说简单也很简单，就是一个社会由不同的利益团体组成，每个团体都要有自己的代表，也就是一部分利益的代表。"这种西方政党体制下的执政党更多的只是逐利的政客本性。

在西方政党政治下，代表部分利益的政党为了争取选票，取得大选的胜利，必然会和利益集团捆绑在一起。美国为了避免"民主选举"过程出现这种情况，曾颁布法律，规定公民的个人捐赠不能超过 2500 美元。然而这一法案却不能顺利推行。2010 年，联邦最高法院对公民联合组织诉联邦选举委员会一案作出裁决，认为公民的政治捐助属于个人的自由，同时认为限制商业机构对候选人进行捐助的一些条款违反了宪法，只要候选人将资助资金用于竞选活动，利益集团便可以无限制地向候选人进行资助。这种选举制度背离了"民主选举"的本质，演变成为"金钱政治"。

在这种选举制度下，美国的利益集团通过向候选人提供竞选资金来影响选举结果，借此为未来追逐更大的利益打下基础。以美国全国步枪协会为例，它在竞选经费的投入方面向来都不手软，同时还能帮竞选者拉到大量选票，这就使得众多竞选人对全国步枪协会极力拉拢。在选举前，美国全国步枪协会会选出支持宪法第二修正案的候选人，对其大力支持培植，投钱投票，当竞选人获得竞选胜利并掌握实权后，同样也会对全国步枪协会作出巨

大的政治回报。这就是为什么虽然美国的枪击事件年年都有发生，要求控枪的民众逐年增多，关于控枪的呼声也越来越强烈，但美国的控枪运动开展得却异常艰难。在代表"部分人"利益的政党体制下，为追求集团利益最大化而置公共利益于不顾的行为难以穷尽。

与世界上其他资产阶级政党不同，中国共产党自诞生之日起就信守"无产阶级的运动是绝大多数人的，为绝大多数人谋利益的独立运动"，共产党人必须遵循党章规定的"坚持党和人民的利益高于一切，个人利益服从党和人民的利益，吃苦在前，享受在后，克己奉公，多做贡献"。这是我们党区别于其他政党的政治本色。中国共产党除了工人阶级和最广大人民群众的利益，从来没有自己特殊的利益。我们党百年的奋斗史，就是为最广大人民群众利益甘于奉献，干事业不计个人功名的奋斗史。井冈山精神、长征精神、抗日精神、延安精神、西柏坡精神、铁人精神、"两弹一星"精神、抗疫精神等一系列伟大精神，无一不包含在甘于奉献的精神里。彭湃、江竹筠、董存瑞、雷锋、焦裕禄、孔繁森、甘祖昌、杨善洲、郭明义、廖俊波、黄文秀等一大批优秀党员代表、英雄模范，为了人民的利益甘愿奉献自己的一切。

（二）从党员的义务看，甘于奉献是中国共产党的政治本色

对共产党员来说，甘于奉献是必须履行的义务。在入党时，每一名党员都要面对党旗郑重宣誓："为共产主义奋斗终身，随时准备为党和人民牺牲一切，永不叛党。"这说明"讲奉献"对共产党员不是可有可无的选择，而是必须履行的义务，这也是无产阶级政党的鲜明政治本色。

党员是党的细胞，一名党员就是一面旗帜，无数党员干部在革命、建设、改革的道路上，践行着自己对党旗许下的诺言，默默奉献，毫无怨言地履行

自己的党员义务,推动中国历史变革,取得了伟大的历史成就,彰显了中国共产党的政治本色。

回顾我们党一百年来的发展历程,有太多的党员干部用鲜血和生命践行了党员的义务。今天的美好生活是无数前辈的奉献牺牲换来的。生命的付出是最高的奉献。为了中国革命的胜利,毛泽东的6位亲人光荣牺牲。中华人民共和国成立时我们党有448万名党员,而据统计,此前为革命牺牲的、可以查到姓名的党员就达到三百七十多万名。

《为了民族复兴——英雄烈士谱》系列节目中,对党痴心不改的邓中夏说"请告诉同志们,就是把我的骨头烧成灰,我邓中夏还是中国共产党党员";恽代英则用"已摈忧患寻常事,留得豪情作楚囚"体现了共产党人为革命事业无所畏惧的革命精神;谢子长面对死亡,想的不是个人得失,而是为人民做得太少。为了人民,中国共产党人在战争年代随时准备献出自己的生命。在今天的和平年代,当人民需要时,中国共产党人也会义无反顾献出生命。历次的重大抗灾、抢险斗争任务中,每次都有共产党员献出宝贵生命;在脱贫攻坚战场上,也有党员干部为了人民的幸福献出了宝贵生命。

面对人民的利益,没有什么是共产党员不能奉献的。2020年,一场突如其来的新冠肺炎疫情,让中国人经历了太多的心绪起伏。这次疫情是中华人民共和国成立以来在我国发生的传播速度最快、感染范围最广、防控难度最大的一次重大突发公共卫生事件。在以习近平同志为核心的党中央坚强领导下,广大共产党员英勇奋战在疫情防控工作第一线,为坚决打赢湖北保卫战、武汉保卫战作出了突出贡献。疫情暴发之初,由于疫情来势汹汹,为了控制疫情,武汉封城,一时间恐惧情绪在人民群众中快速蔓延。与此同时,武汉医疗系统面临巨大的压力,医疗物资紧缺、医务人员紧缺,武汉急需全国人民的驰援。在此危急时刻,无数共产党员站了出来,他们无惧被病毒感染的危险，冲上一线。张文宏——一位叫响"共产党员上"的硬核医生，在面对记者时，他坦然说自己去查房，就是为了消除一线医护人员的压力、焦虑与担忧。因为直面病毒，谁不害怕呢？在进行轮岗交替的时候，要换谁呢？他说："换成科室里所有的共产党员，共产党员在宣誓的时候不是说了吗，要为人民利益牺牲一切，包括生命。我说现在开始，把所有的人都换下来，共产党员上，给我做出自己的样子来。"①请让我们记住王兵、冯效林、江学庆、刘智明、李文亮、张抗美、肖俊、吴涌、柳帆、夏思思、黄文军、梅仲明、彭银华、廖建军等牺牲在新冠肺炎疫情防控一线的烈士，他们用自己的生命践行了共产党人的铮铮誓言。

在说出"为共产主义奋斗终身，随时准备为党和人民牺牲一切，永不叛党"的那一刻，很多共产党人就决心为了党的事业、人民的福祉，无私奉献个人。彭湃，我党早期领导者，被誉为"农民运动的大王"，出人意料的是他出身于大地主家庭。彭湃的农民运动是从革自己家的命开始的。1922年11月的一天，为了让贫苦农民相信他是真的要把土地分给乡亲，澎湃以看戏的名意将大家聚集在乡里社戏的舞台周围，拿着一大捆田契当众宣布要将土地分给大家，他一张一张地宣读每张田契上所写的地点、亩数、佃户姓名，随后烧掉了家里所有的田契。这就是中国共产党人，心中没有个人私利，只有人民利益，从自己身上"搞土改"，奉献个人所有财物，发动劳苦大众闹革命。

还有很多共产党员为了人民利益，无私奉献自己的青春才华，隐姓埋名，甘守清贫与寂寞。中华人民共和国成立后，为了改变中国积贫积弱的落后面貌，无数共产党员远离大城市，远离舒适的生活，到祖国的边疆、偏远地区去屯垦戍边，搞三线建设，发展国防科工。很多人一干就是一辈子。1950年10月，26岁的邓稼先在美国获得物理学博士学位后，放弃了优越的工作条

①《共产党员是一种特别的人》，中央纪委国家监委网，2021年5月4日。

件和生活环境,和二百多位专家学者一起回到国内。后来为了国家的核弹事业,他离妻别子,隐姓埋名二十多年。在一次航投试验时,降落伞出现事故,原子弹坠地摔裂。邓稼先深知危险,却一个人抢上前去把摔破的原子弹碎片拿到手里仔细检验,丝毫不顾个人安危。之后在体检中,医生发现他的小便中带有放射性物质,他的肝脏破损,骨髓里也侵入了放射物。最后,在1986年,邓稼先因辐射致癌逝世。他临终前对妻子说的最后一句话是“我死而无憾!”

“中国核潜艇之父”黄旭华也是隐姓埋名为国无私奉献的楷模。2017年11月17日,在全国精神文明建设表彰大会上,习近平给两位白发苍苍的道德模范让座,其中一位就是黄旭华。作为中国第一代攻击型核潜艇和战略导弹核潜艇总设计师,黄旭华自1958年进入核潜艇研制团队,到1987年以我国第一代核潜艇总设计师的身份解密,30年间隐姓埋名。父母多次写信问他在北京哪一个单位,到北京去干什么工作,但他一直闭口不答。慢慢地,他同父母的关系也淡化了,父亲去世也没有回去奔丧。父母对他有太多的怨言,弟弟妹妹认为他不要家,忘记了养育他的父母。直到1987年,母亲收到他寄来的一本《文汇月刊》,看到报告文学《赫赫而无名的人生》里有“他的爱人李世英”等字眼,家人才了解了他的工作性质。在88岁高龄获评“2013年度感动中国人物”时,黄旭华掷地有声地说出了这样一番话:“当祖国需要我冲锋陷阵的时候,我就一次流光自己的血;当祖国需要我一滴一滴地流血的时候,我就一滴一滴地流!”黄旭华的故事感动了无数的中国人。他攻坚克难,研制出核潜艇核心技术,使我国成为第五个拥有核潜艇的国家,这就是共产党人的担当与奉献。

“忠于党、忠于人民、无私奉献,是共产党人的优秀品质。党的事业,人民的事业,是靠千千万万党员的忠诚奉献而不断铸就的。”①甘于奉献,干事业

①　《习近平总书记给国测一大队老队员老党员的回信》,《人民日报》,2015年7日2日。

不计个人功名是共产党人的政治本色。

二、中国共产党人的初心使命

中国共产党人的初心和使命，就是为中国人民谋幸福，为中华民族谋复兴。共产党人奉献的动力源于初心和使命。习近平指出："追梦需要激情和理想，圆梦需要奋斗和奉献。"①共产党人在践行初心和使命的征程中，把奉献鲜明地写在自己的旗帜上，中国共产党的全部奋斗史、发展史就是一部奉献史。

（一）无私奉献显初心

无私奉献是中华民族的传统美德。从女娲补天、大禹治水到愚公移山，从杨家将"满门忠烈"到南宋岳飞"精忠报国"，这些神话传说和历史故事无不饱含着牺牲小我、成就大我的奉献精神，这种精神撑起了中华民族永不弯曲的脊梁。

近代中国在帝国主义的坚船利炮下，山河破碎，人民的生活难以为继，苦不堪言。广大人民群众走上了反抗斗争的道路，爆发了太平天国农民战争；封建统治阶级部分成员发动了洋务运动；随着中国民族资本主义的初步发展，资产阶级的改良派发动了一场资产阶级性质的政治改良运动——戊戌变法，以孙中山代表的资产阶级革命派发动了推翻清王朝帝制的辛亥革命，但这些早期对中国道路的探索最终均以失败而告终。究其原因，这些早

---

① 习近平：《在北京大学师生座谈会上的讲话》，人民出版社，2018年，第3页。

期探索者没有科学的理论为指导，也不能代表最广大人民群众的利益。

俄国十月革命一声炮响给中国送来了马克思列宁主义，中国共产党成立后，中国革命开始在马克思主义指导下走出一条新的革命的道路。从中国共产党成立那时起，"初心"和"奉献精神"就始终伴随着共产党人，一代又一代共产党人用无私奉献彰显着不变的"初心"。

中华人民共和国成立之后，为了让国家富起来、强起来，中国共产党人初心不改，从未懈怠，无私地奉献了自己的青春、才华、财富甚至是生命。为了实现国防工业的现代化，太多的"邓稼先"扎根大漠，隐姓埋名，为中华人民共和国的核工业奉献了自己的一生；为了推进边远地区的发展，太多的"孔繁森"志愿到高原、边关，到祖国最艰苦的地方去；为了祖国边疆的安宁，太多的"王继才"长期与孤独相伴，驻守在条件艰苦的祖国边防线上；为了"精准扶贫"，有太多的"黄文秀"放弃大城市的工作机会，毅然回到家乡，在脱贫攻坚第一线倾情投入、奉献自我，用实际行动诠释了共产党人的初心和使命，谱写了新时代的青春之歌。正是初心的不断驱动，党员干部无私奉献，才有了此时"比历史上任何时期都更接近实现中华民族伟大复兴"的中国。

无私奉献是共产党人重要的精神特质，是一种纯洁高尚的精神境界。奉献就是为公、为民全身心付出，不求回报。共产党人的无私奉献无不彰显着"为中国人民谋幸福、为中华民族谋复兴"的初心和使命。共产党人的初心是一以贯之的，共产党人的奉献精神也是一以贯之的。

（二）无私奉献固初心

2019年3月22日，在回答意大利众议长菲科的提问时，习近平主席的深情表达"我将无我，不负人民"迅速刷屏，赢得人民群众广泛赞誉。这短短八个字是对人民奉献精神的映射。在新时代,无数共产党员用自己的无私奉献诠释着党的性质和宗旨。

用奉献精神固初心是甘于平凡。七十多年前的抗美援朝战争,是一场以弱胜强的世界军事史上的奇迹,也让所有人看到了新中国的力量。在这场伟大的战争中,大约十八万名战士付出了宝贵的生命,在战场上涌现出了一大批特等功臣、一等功臣。然而这些立下卓越战绩的英雄凯旋后,不向祖国提要求,不向组织要待遇,很多人选择了隐姓埋名,过着平淡的生活。蒋诚就是其中的代表。这位出生在 1928 年的老人,1949 年 12 月加入中国人民解放军,成为第 11 军 31 师 92 团 1 营机炮连的一名战士。1950 年,蒋诚被编入中国人民志愿军第 12 军,任机炮连副班长,1951 年 3 月入朝参战。1952 年 11 月 1 日,蒋诚所在的第 12 军奉命驻守上甘岭 537.7 高地。蒋诚负责在战斗中用机枪正面压制美军。他凭着顽强的毅力,和战友们一起,击退了敌人一轮又一轮的进攻。面对俯冲而至的敌机,他抱着机枪跳进弹坑,对着敌人的战机一通扫射,最终击落一架敌机。由于他的英勇表现,他被授予"一等功臣"称号。1954 年,蒋诚随部队凯旋。1955 年 2 月,蒋诚复员回乡,从此隐姓埋名,在家乡当起了农民。为了带领家乡人民脱贫致富,他不计个人得失,用自己的钱甚至贷款为家乡人民修路,不怕苦不怕累,带着大家共同奔小康。蒋诚从来没有向任何人说起他在战场上的英勇事迹,更没有向任何人透露过自己曾立下的战争功勋。直到 1988 年,修撰《合川县志》时,有人从县里的档案资料中发现了蒋诚的立功喜报,他的英雄事迹才被人们发现。蒋诚尘封战功,淡泊名利,诠释着无私奉献的精神,诠释着中国共产党人的初心。

用奉献精神固初心是无畏守护。"国有重器,以命护之",黄群、宋月才、姜开斌三名勇士面对台风和巨浪,挺身而出,英勇无惧。2018 年 8 月 20 日,台风"温比亚"来袭,中船重工第七六〇所码头,对提升我国船舶多项核心关键技术水平具有重要意义的平台出现险情,如脱缰的野马剧烈摇晃,一旦失控,后果不堪设想。在危急关头,第七六〇所研究所党委委员、副所长黄群带领11名同志组成抢险队。冲上码头,对平台进行加固作业。一个巨浪袭来,几名同志倒下了:浪头过去,他们又站了起来,继续奋力向前冲! 在这次抢险过程中,黄群、姜开斌和后来落水的宋月才,壮烈牺牲。妻子在整理黄群的遗物时发现,黄群在一篇学习党的十九大报告的体会中写道:"牢记使命,勇于担当,为七六〇所高质量发展提供保障。"在新发的一个"三会一课"记录本上,黄群工工整整地写下了完整的入党誓词。"随时准备为党和人民牺牲一切",黄群用自己的行动作出了壮烈的诠释。正是许多这样的共产党员,用无私奉献的精神坚固了我们的初心。

用奉献精神固初心是不懈追求。习近平在对李保国同志先进事迹作出的重要批示中,充分肯定了李保国"新时期共产党人的楷模,知识分子的优秀代表,太行山上的新愚公"的典型意义,高度概括了他"心系群众、扎实苦干、奋发作为、无私奉献"的高尚精神。李保国,河北农业大学教授、博士生导师。他35年如一日,一头扎进太行山,带领十万农民战山斗地,把荒山变成金山,让许多在贫瘠山沟里"刨食"的农民甩掉了"穷帽"。他每年在太行山区"务农"二百多天,创新推广36项农业实用技术,帮助山区农民实现增收28.5亿元,带领十多万群众脱贫致富奔小康。他以扎根山区三十多年的无私奉献,以对农民的深厚情感,标注了一位知识分子一心为民的人生坐标,他的坚持不懈让共产党人的初心永固。

(三)无私奉献守初心

习近平在"不忘初心、牢记使命"主题教育工作会议上强调,守初心,就是要牢记全心全意为人民服务的根本宗旨，以坚定的理想信念坚守初心，牢记人民对美好生活的向往就是我们的奋斗目标；以真挚的人民情怀滋养初心，时刻不忘我们党来自人民、根植人民，永远不能脱离群众、轻视群众、漠视群众疾苦。

无私奉献守初心，就是要有坚定的理想信念。习近平指出，对马克思主义的信仰，对社会主义和共产主义的信念，是共产党人的政治灵魂，是共产党人经受住各种考验的精神支柱。只有理想信念坚定的人，才能矢志不渝、百折不挠、坚定不移地为实现既定目标而奋斗。理想信念是共产党人的精神支柱。正如习近平曾指出的："许许多多这样的共产党人不为官、不为钱，不怕艰苦、不怕坐牢，慷慨赴死、从容就义，真正做到了为主义和信仰而奋斗、而献身。实践证明，由坚定的政治信仰产生的百折不挠的革命意志，是中国共产党人战胜一切艰难险阻、从胜利走向胜利的强大力量源泉。"①共产党人只有坚定理想信念，才能在纷繁复杂的形势下，保持清醒的头脑，绝不能因为成就而懈怠，绝不能因为困难而退缩，必须始终坚持共产主义远大理想不动摇，在每一个平凡的岗位上无私奉献。

无私奉献守初心，就是要牢记全心全意为人民服务的根本宗旨。习近平指出，坚持不忘初心、继续前进，就要坚信党的根基在人民、党的力量在人民，坚持一切为了人民、一切依靠人民，充分发挥广大人民群众的积极性、主动性、创造性，不断把为人民造福的事业推向前进。中国共产党把全心全意为人民服务作为党的根本宗旨。中国共产党是在同人民群众的血肉联系中成长、发展、壮大起来的，是靠宣传群众、组织群众、依靠群众起家，从胜利走向胜利的。习近平指出："必须牢记我们的共和国是中华人民共和国，始终要

---

① 人民日报评论员：《苏区精神要永远铭记、世代传承——论中国共产党人的精神谱系之三》，《人民日报》，2021年7月26日。

把人民放在心中最高的位置，始终全心全意为人民服务，始终为人民利益和幸福而努力工作。"①每一名共产党人必须坚持以人民为中心，把群众观点、群众路线深深植根于思想中、具体落实到行动上，用无私的奉献坚守共产党人的初心。

无私奉献守初心，就是要牢记奋斗目标。人民对美好生活的向往就是我们的奋斗目标，必须以最广大人民的根本利益为我们一切工作的根本出发点和落脚点，坚持把人民拥护不拥护、赞成不赞成、高兴不高兴作为制定政策的依据，着力解决好人民群众最关心最直接最现实的利益问题，不断增强人民群众的获得感、幸福感、安全感，不断增强人民群众对党的信任和信心，不断实现人民对美好生活的向往。新时代，人民对美好生活的向往又提出新的要求，党员干部要甘于奉献，不计个人得失，以坚如磐石的信心、只争朝夕的劲头、坚韧不拔的毅力，撸起袖子加油干。以新思想新部署新方略武装头脑，善学善为、善作善成，坚持以有为镌刻有位，为民担当、干事创业，不畏艰险、攻坚克难，努力实现人民对美好生活向往的奋斗目标。

三、为人民服务的公仆职责

2014年，习近平在河南兰考县调研时指出，要特别学习弘扬焦裕禄同志"心中装着全体人民、唯独没有他自己"的公仆情怀。党员干部必须有公仆情怀，要甘于奉献。奉献是一种品质，更是一种责任与担当。作为党员干部，要始终坚持全心全意为人民服务的根本宗旨，坚持党和人民的利益高于一切，要牢记自己是人民公仆，要想群众之所想，急群众之所急，做到"权为民所

---

① 习近平：《在第十三届全国人民代表大会第一次会上的讲话》，人民出版社，2018年，第2页。

用、情为民所系、利为民所谋"，勇于担当责任，敢于直面困难，真正体现人民的意志。

（一）做好人民公仆，要"权为民所用，情为民所系，利为民所谋"

共产党员是人民的公仆，不管何时何地，都必须摆正自己同人民群众的关系，端正自己对人民群众的态度，切实把自己当成群众中的普通一员，而不是当官做老爷，要始终保持与人民群众的血肉联系。做好人民公仆，要正确对待"权、情、利"，真正做到权为民所用，情为民所系，利为民所谋。

首先，树立正确的权力观，要牢记"权为民所用"。我国宪法规定："中华人民共和国的一切权力属于人民"，人民是一切权力的所有者。中国共产党作为执政党，党员干部必须清楚地认识到，手中的权力是人民赋予的，只有知道权从何处来，才懂得权为谁所用。人民赋予党员干部权力，必然需要通过对权力的运用实现人民的意志和愿望。党员干部要做到权为民所用，就必须"在其位，谋其政"，做到勤政为民，甘于奉献，干事业不计个人功名，用手中的权力为人民办实事、谋实惠。只有把人民放在心中最高位置，把群众关切作为根本指向，把群众是否满意作为重要标准，权力才能用得其所，才能为党分忧、为国干事、为民谋利。

权力是一把双刃剑。善于用权，能够为民谋利，助力发展；反之则会误党误国，阻碍发展。然而现实中一些党员干部"一朝权在手，便把令来行"，拍脑袋决策，搞一言堂，家长制作风。有的"为官不为"，只要不出事、宁愿不做事，"做一天和尚撞一天钟"。更有甚者，把权力变为"私器"，成为为个人或小团体谋取利益的工具，导致权力变形甚至倒置。一些反面典型丧失了党性立场、扭曲了权力观，堕入腐败深渊，给我们党的事业带来了极大的危害。因此，对权力要加强监督，建立科学合理的监督机制和制约机制，建立健全党内监督、国家机关监督、民主监督、司法监督、群众监督、舆论监督相结合的监督体系，增强监督合力。

其次，树立正确的情感观，要做到"情为民所系"。马克思主义的历史观认为，历史的主体是人民，人民群众是历史发展的决定力量。结合中国的国情，将这一历史观落实到实践中，就有了中国共产党的群众路线。"情为民所系"，从一个层面上讲，是对百姓之情，就是要求我们密切联系群众，走群众路线，从群众中来，到群众中去；从另一个层面上讲，是最高、最大的"情"，这就是国家利益、民族情感。它是基于国家民族利益的大局而发出的，执政党能够实现整个国家民族的整体利益、共同意愿时，就是最大的"情为民所系"。

党员干部应该树立"对人民群众的感情为最高感情境界"的情感观。正如孔繁森所讲："一个人爱的最高境界是爱人民。"应该说，绝大多数党员干部情系人民群众，能够做到执政为民。但不可否认，也有一些党员干部没有树立起正确的情感观。有的情系官位，对上卑躬屈膝，对下颐指气使；有的情系亲友，追求"封妻荫子""一人得道，鸡犬升天"，不惜践踏党纪国法；有的情系金钱，权钱交易暗流涌动。

这些错误的、庸俗的情感观，会动摇党的群众基础，影响党和国家政权的稳固。苏联和东欧社会主义国家的惨痛教训就是最好的证明。苏联解体、东欧剧变与其执政党脱离群众、官僚主义盛行有极大的关系，就是权不为民用、利不为民谋，消磨掉了苏联共产党在第二次世界大战时期与人民团结在一起的情感，社会不满长久郁积，失掉民心，政权也就自然丧失了。

树立"情为民所系"的正确情感观，就必须始终保持对人民群众的深厚感情，发自内心地热爱人民群众，时刻把人民群众的安危冷暖放在心上，关心群众疾苦，真心实意地为人民服务，把最广大人民群众的利益维护好、实现好、发展好，最终带领人民实现中华民族伟大复兴的中国梦。

最后，树立正确的利益观，要做到"利为民所谋"。中国共产党人的利益观就是全心全意为人民服务，一切从人民的利益出发，一心一意为人民谋利益。党员干部树立正确的利益观，就必须树立群众利益第一的观念，着力维护人民群众的权益，真正把改善人民生活作为工作重点。人民的利益涉及每家每户的衣食住行、柴米油盐、子女教育、就业就医等，党员干部对问题要及时帮助解决，尤其要注重解决弱势群体的实际困难，努力担当，勇于奉献，切实解决损害群众利益的突出问题，让国家发展的红利惠及每个人。党员干部是人民公仆，只有对人民群众充满深厚的感情，才能为人民掌好权、谋好利，把发展的成果与群众共享。

（二）做好人民公仆，要"俯首甘为孺子牛"

鲁迅"俯首甘为孺子牛"的名言是比喻那些全心全意为人民大众服务，无私奉献的人。党员干部要做好人民公仆，就要发扬"俯首甘为孺子牛"的精神。要俯下身去为百姓做事，甘于奉献，不计个人得失。

"俯首甘为孺子牛"要求党员干部破除"官本位"思想。所谓"官本位"，既是一种以官位高低作为评判人的价值尺度或以追求官位作为人生最高目标的心理意识，又是一种政治文化，包含了官场生态的种种弊端。"官本位"思想是几千年封建等级观念的表现，亦可称之为"官场病"。有的党员干部公仆意识淡薄，主要是"官本位"思想和特权思想在作祟。一些人以官为贵，以官为尊，并以官职大小衡量人的价值、成就和地位。如今，"官本位"思想仍然不同程度地存在于人们的头脑中，在这种思想的支配下，不少人便以能为官、为高官、能保官为人生信条。有"官本位"思想的人，把党和人民赋予的岗位等同于封建社会的"官本位"，把人民赋予的权力作为一种特权和资本，高高在上作"指示"，"唯我独尊"，"公仆"变成"官老爷"。因此，党员干部要保持人民公仆的本色，必须铲除"官本位"思想，铲除特权思想。

"俯首甘为孺子牛"要求党员干部做到勤政为民。勤政，指的是勤勉于政，为官当以造福百姓为己任。勤政要有强烈的事业心和高度的责任感，忠于职守，踏实做事。党员干部要踏踏实实干工作，深入基层，联系百姓，走到人民群众中去，切实感知百姓的疾苦。从实际出发，解决好人民群众迫切需要解决的实事和难事。廖俊波，一位长期扎根基层一线的"全国优秀县委书记"，勤政为民，为广大党员干部竖起了标杆。他时刻把群众的利益放在第一位，甘于奉献不计得失。为了带动大家共同富裕，推动古村落旅游开发，他提出"赚钱的事你们干，不赚钱的事党委政府来干"；当陷入困境的农民企业家找到他时，他打车冒雨考察对方的工厂，跑前跑后帮助解决生产困难。

"俯首甘为孺子牛"要求党员干部做到廉政为民。习近平曾深刻指出，马克思主义权力观概括起来是两句话：权为民所赋，权为民所用。党员干部必须干净干事，不贪赃枉法，不以权谋私，不奢侈浪费，不任人唯亲，真正做到一身正气，两袖清风，成为嘴不馋、心不贪、手不伸、眼不乱、耳不偏"五官端正"的人民公仆。廖俊波担任县委书记等职务期间，搞开发、征土地、忙招商、建工程，经手的很多是涉及土地、资金的"敏感"甚至"高危"项目。县委书记虽然级别不高，但权力大、责任重，是干事创业的重要平台，也是考验党员干部党性操守的关键岗位。他始终坚持党性原则、坚守廉洁底线，绝不为自己和家人、朋友谋取一丝一毫的利益。廖俊波主政下的地方经济发展了，群众生活改善了，但自己住的还是家人凑钱买的一套二手房。廖俊波以身作则、廉洁奉公，为党员干部如何秉公用权、为民用权、廉洁用权立起了标杆。

(三)做好人民公仆,要创新为民服务的手段

时代潮流奔涌向前,改革发展面临着新形势新任务新挑战,改革在很多领域进入了深水区,但一些党员干部仍想用老办法来解决新问题,缺乏与时俱进、勇于创新的精神。党员干部要发扬改革精神,紧跟全面深化改革新步伐,把心思集中在"想干事"上,把本领体现在"会干事"上,把成绩体现在"干成事"上,要向广大"改革先锋"们学习,争当新时代的"改革者"。要培养创新意识,坚持问题导向,注重结合实际,学会用新理念新思想新战略推动工作、解决问题。要发挥改革效力,不断巩固现有改革成果,在改革创新一线的实践中提高改革本领,推动改革创新取得新进展。要深化供给侧结构性改革,推动构建新发展格局,切实转变发展方式,推动质量变革、效率变革、动力变革,打好重点任务攻坚战等的实际成效,社会的发展带来问题的发展变化。党员干部要根据群众生产生活的变化和需要,不断创新服务手段,提升服务实效,深化"放管服"改革,提供优质公共服务,更好地满足人民群众日益增长的美好生活需要。

第一,要精密设计服务流程。为了更加便捷地做好人民群众想办之事,提供方便快捷的服务,就要在服务流程上下功夫,针对不同类型的事项制定相应的服务流程和标准,明确服务指南。防止出现因为流程标准不明确,群众对办事制度不了解,多次往返办事地点,延长办事时间,加剧群众与政府的矛盾。因此,我们要切实提高为民服务效率,不断提高服务水平。

第二,应精细管理服务过程。这是保障服务质量、提高服务实效的关键。利用综合评估等管理方法和方式,加强服务过程管理,强化服务过程和结果监督。抓好服务的跟踪问效,把服务的专业性和群众的满意度有机统一起

来，通过服务对象反馈、第三方评估等方式，对服务内容进行动态评估问效，建立健全反馈机制，提升服务实效。健全为民服务监督机制，让广大群众参与服务监督，进一步提高群众评价权重。力戒形式主义和官僚主义，决不搞"一阵风、大呼隆"式的服务，确保为民服务的稳定性和持续性，切实以面对面、心贴心的服务提升人民群众的获得感和满意度。

第三，要善用网络信息化手段为民服务解难题。随着网络信息技术的发展，大数据、人工智能、区块链等新技术，极大地推动了社会生产力发展和生产关系变革，深刻地改变着政府、市场和社会关系。习近平指出，谁掌握了互联网，谁就把握住了时代主动权；谁轻视互联网，谁就会被时代所抛弃。2020年上半年，受新冠肺炎疫情影响，多地农产品供销链受阻，产品滞销。为了帮助百姓解决这一难题，各地县长开始充分利用互联网平台推广当地特产，越来越多的县长走进直播间为当地农产品卖力"吆喝"。湖北省30位县长直播"带货"，湖北省商务厅厅长也现身直播间向全国消费者发出呼吁："湖北是一个农业大省，欢迎各位宝宝们多采购支持湖北的农产品。"一场直播，恩施绿茶、大别山黑山羊、黄鹤楼酒、秭归脐橙、潜江小龙虾、清江小鱼干、房县香菇等农产品被抢购一空。许多网友调侃道："全国人民一家亲，我为湖北胖三斤。"这正是各地运用信息化手段结合实际创造性地推动工作，加快推进复工复产、夺取疫情防控与脱贫攻坚双胜利的生动写照。

四、干事创业的胸襟和姿态

党的二十大报告指出："如期实现建军一百年奋斗目标，加快把人民军队建成世界一流军队，是全面建设社会主义现代化国家的战略要求。"从现在起到实现既定奋斗目标,时间紧、任务重,任何犹疑观望、消极懈怠、畏难退缩等错误思想和行为都是不可取的。我们必须以奋发有为的姿态紧抓快干,抓住窗口期,跑出加速度,才能善作善成、务期必成,不负大好年华、无愧时代使命。

以奋发有为的姿态干事创业,应振奋精神。毛泽东同志曾说:"人是要有一点精神的。"奋进新征程,我们随时准备经受风高浪急甚至惊涛骇浪的重大考验,如果精神不振奋、不昂扬,就很可能在面对机遇时瞻前顾后、遇到困难时垂头丧气,矛盾面前不敢担当、任务来了不在状态,即使蓝图再美好、规划再科学,也难以变为现实。唯有始终保持"那么一股劲,那么一股革命热情,那么一种拼命精神",不论遇到怎样的"拦路虎""绊脚石",都"排除万难,去争取胜利",才能到达理想的彼岸。我们一方面要自觉强化理论武装,学懂弄通做实习近平新时代中国特色社会主义思想,突出学好习近平强军思想,进一步坚定对马克思主义的信仰、对中国特色社会主义的信念、对实现中华民族伟大复兴中国梦的信心。有了这样的信仰信念信心,我们就能在艰巨繁重的任务面前不畏难、不怕苦,在风险挑战面前不畏惧、不退缩,用智慧和汗水创造一流的工作业绩;另一方面要主动到吃劲岗位、艰苦环境中,到复杂严峻的斗争中经风雨、见世面,提振干事创业精气神,时刻保持状态,以蓬勃向上的朝气投身强军实践。

以奋发有为的姿态干事创业,应真抓实干。"功崇惟志,业广惟勤。"伟大梦想不是想出来、喊出来的,而是撸起袖子加油干出来的。只有每名党员干部都把岗位当战位,以舍我其谁的担当精神履职尽责,我们的事业才能不断打开新局面、实现新发展。必须牢记"空谈误国、实干兴邦"的深刻道理,对于认准的事情、定下来的任务,加紧往前头赶、往实里抓,以抓铁有痕、踏石留印的决心和作风,实实在在解难题、出实绩;坚持担当为要,无论什么时候都不为风险所惧、不为干扰所惑，该做的事顶着压力也要干，该负的责冒着风险也要担，知重负重、冲锋在前，在练兵备战中打头阵，在转型建设中当先锋，在日常工作中站前排；坚持知难而进，以"明知山有虎，偏向虎山行"的决心勇气，敢于啃"硬骨头"、开"顶风船"、接"烫手山芋"，像革命前辈那样"把难题当敌人去战胜"，切实做到把大事办出彩、把难事办圆满、把急事办稳当。

以奋发有为姿态干事创业，应勇于创新。"惟创新者进，惟创新者强，惟创新者胜。"我们的事业是一项"苟日新，日日新，又日新"的事业，破解新问题、答好新问卷，不能凭老经验、走老路子，而是要想新办法、找新出路，总结新经验、开创新局面。这需要每名党员干部善于拓宽视野、更新观念，不为既有经验所束缚、不为传统模式所制约、不为常规眼光所局限、不为已有成绩所陶醉，而是始终用"更新、更勇敢的头脑"认识问题、研究问题、解决问题，在聚焦主责主业上勤于探索实践，在部队转型建设中敢于开拓创新，在履行使命任务中勇于担当作为。同时还应认识到，干事创业总是有风险的，"对失败的容忍是激励创新的必要条件"。各级领导干部应当坚持事业为上、实事求是的原则，对在创新实干的过程中发生的各类失误问题，多用"三个区分开来"标尺量一量，做好撑腰鼓劲、降压减负、加油打气的工作，让广大党员干部轻装上阵，持续厚植干事创业、改革创新的土壤。

以奋发有为姿态干事创业，应久久为功。全国革命胜利前夕，毛泽东同志在党的七届二中全会上曾提醒全党："夺取全国胜利，这只是万里长征走完了第一步。如果这一步也值得骄傲，那是比较渺小的，更值得骄傲的还在后头……中国的革命是伟大的，但革命以后的路程更长，工作更伟大，更艰苦。"①今天，走好新的赶考之路，同样需要我们保持这份清醒和坚定，既以

---

① 《毛泽东选集》(第四卷)，人民出版社，1991年，第1438页。

"千里之行，始于足下"的干劲抓当下，又以"风物长宜放眼量"的眼光谋未来，把"显绩""潜绩"一并抓好。一方面，要坚持发扬"钉钉子精神"，把手头的各项工作拉单挂账、逐条销号，一件接着一件抓，一鼓作气抓到底；另一方面，要牢固树立"功成不必在我"的事业观、价值观，对那些费力大、周期长、见效慢，但又有益于部队长远发展的工作，兢兢业业、勤勤恳恳地去做，以"十年磨一剑"的坚持和甘当"栽树人"的情怀，留下无悔的奋斗足迹。

第四章
基层干部担当作为：做到为民造福

2018 年 3 月 8 日，习近平在参加十三届全国人大一次会议山东代表团审议时强调，"功成不必在我"，不是消极、息政、不作为，而是要牢固树立正确政绩观，既要做让老百姓看得见、摸得着、得实惠的实事，也要做为后人做铺垫、打基础、利长远的好事，既要做显功，又要做潜功，不计较个人功名，追求人民群众的好口碑，经过历史沉淀后真正的评价。领导干部主政一方、为官一任，就要造福一方，要敢于理直气壮地追求与创造让人民满意的政绩，做出经得起实践、人民、历史检验的实绩，方能赢得人民群众的好口碑。

一、不断实现人民对美好生活的向往

中国特色社会主义进入新时代，以习近平同志为核心的党中央鲜明提出坚持以人民为中心的发展思想，反映了坚持人民主体地位的内在要求，彰显了人民至上的价值取向，确立了新发展理念必须始终坚持的基本原则。坚持以人民为中心的发展思想,是习近平经济思想的重要内容。新征程上,要深入贯彻以人民为中心的发展思想,坚持在发展中保障和改善民生,鼓励共同奋斗创造美好生活,让现代化建设成果更多更公平惠及全体人民,不断实现人民对美好生活的向往。

(一)人民性是马克思主义的本质属性

人民性是马克思主义的本质属性和鲜明品格。始终同人民在一起,为人民利益而奋斗,是马克思主义政党同其他政党的根本区别。中国共产党坚持以马克思主义为指导,党的理论来自人民、为了人民、造福人民。以人民为中心的发展思想的形成,具有深厚的思想理论渊源。

马克思主义是人民的理论,第一次创立了人民实现自身解放的思想体系,第一次站在人民的立场探求人类自由解放的道路,以科学的理论为最终建立一个没有压迫、没有剥削、人人平等、人人自由的理想社会指明了方向。《共产党宣言》指出:"过去的一切运动都是少数人的,或者为少数人谋利益的运动。无产阶级的运动是绝大多数人的,为绝大多数人谋利益的独立的运动。"[①]中国共产党坚持以人民为中心,坚持人民主体地位,坚持立党为公、执政为民,践行全心全意为人民服务的根本宗旨,坚持群众观点和群众路线,渊源于马克思主义为绝大多数人谋利益的价值追求。

坚持人民至上,是我们党百年奋斗积累的宝贵历史经验之一。习近平指出:"江山就是人民、人民就是江山,打江山、守江山,守的是人民的心。中国共产党根基在人民、血脉在人民、力量在人民。中国共产党始终代表最广大人民根本利益,与人民休戚与共、生死相依,没有任何自己特殊的利益,从来不代

① 《马克思恩格斯选集》(第一卷),人民出版社,2012年,第411页。

表任何利益集团、任何权势团体、任何特权阶层的利益。"综观历史，中国共产党干革命、搞建设、抓改革，都是为人民谋利益，让人民过上好日子。进入新时代，人民对美好生活的向往更加强烈。作为马克思主义政党，我们党始终把人民利益摆在至高无上的地位，努力为人民创造更美好、更幸福的生活。

（二）创造性地提出以人民为中心的发展思想

习近平经济思想是运用马克思主义政治经济学基本原理指导新时代经济发展实践形成的重大理论成果，创造性地提出坚持以人民为中心的发展思想，从初心使命、社会主要矛盾变化等诸多方面论述了坚持以人民为中心的根本立场。

发展为了人民，是马克思主义政治经济学的根本立场。习近平在纪念马克思诞辰200周年大会上的讲话中指出，我们要始终把人民立场作为根本立场，把为人民谋幸福作为根本使命，坚持全心全意为人民服务的根本宗旨，贯彻群众路线，尊重人民主体地位和首创精神，始终保持同人民群众的血肉联系，凝聚起众志成城的磅礴力量，团结带领人民共同创造历史伟业。这是尊重历史规律的必然选择，是共产党人不忘初心、牢记使命的自觉担当。

坚持以人民为中心的发展思想，是我国经济发展的根本立场。习近平经济思想坚持把人民利益作为党领导经济工作的根本出发点和落脚点，注重在发展中保障和改善民生，始终彰显人民至上的价值取向。在习近平经济思想的理论体系中，坚持以人民为中心的发展思想贯穿各领域各方面，有着丰富和深刻的思想内涵。

新时代以来，以人民为中心的发展思想体现在中国特色社会主义建设的各个方面。我国作为世界第二大经济体的地位得到巩固提升。脱贫攻坚战取得全面胜利,完成了消除绝对贫困的艰巨任务,为人类减贫事业作出巨大贡献,区域城乡协调发展呈现新局面。在幼有所育、学有所教、劳有所得、病有所医、老有所养、住有所居、弱有所扶上持续用力,人民生活全方位改善。建成世界上规模最大的教育体系、社会保障体系、医疗卫生体系,教育普及水平实现历史性跨越。人民群众获得感、幸福感、安全感更加充实、更有保障、更可持续,共同富裕取得新成效。

(三)为实现人民对美好生活的向往不懈努力

习近平在庆祝中国共产党成立 100 周年大会上的讲话中向全党发出号召:"牢记初心使命,坚定理想信念,践行党的宗旨,永远保持同人民群众的血肉联系,始终同人民想在一起、干在一起,风雨同舟、同甘共苦,继续为实现人民对美好生活的向往不懈努力,努力为党和人民争取更大光荣!"[1]党的二十大报告明确提出前进道路上必须牢牢把握的重大原则,其中很重要的一条就是"坚持以人民为中心的发展思想",要求"维护人民根本利益,增进民生福祉,不断实现发展为了人民、发展依靠人民、发展成果由人民共享,让现代化建设成果更多更公平惠及全体人民"[2]。

思想是行动的指南,没有共同的思想就不会有共同的行动。进入新时代以来,以习近平同志为核心的党中央始终坚持以人民为中心的发展思想,把群众路线贯彻到治国理政全部活动之中,把人民对美好生活的向往作为奋斗目标,依靠人民创造历史伟业,在践行党的根本宗旨、始终为人民谋幸福

---

① 习近平:《在庆祝中国共产党成立 100 周年大会上的讲话》,《求是》,2021 年第 14 期。

② 习近平:《高举中国特色社会主义伟大旗帜 为全面建设社会主义现代化国家而团结奋斗——在中国共产党第二十次全国代表大会上的报告》,《人民日报》,2022 年第 10 月 17 日。

上书写了新的篇章。新时代的伟大实践充分证明，只有坚持以人民为中心的发展思想，才能不断增进民生福祉，不断满足人民对美好生活的需要。

中国特色社会主义进入新时代，我国社会主要矛盾已经转化为人民日益增长的美好生活需要和不平衡不充分的发展之间的矛盾。人民美好生活需要日益广泛，不仅对物质文化生活提出了更高要求，而且在民主、法治、公平、正义、安全、环境等方面的要求日益增长。我国社会主要矛盾的变化是关系全局的历史性变化，对党和国家的工作提出了许多新要求。我们要善于从变化了的社会主要矛盾出发谋求发展，把解决发展不平衡问题与解决发展不充分问题有机统一起来，不断提高社会生产力水平，更好地满足人民美好生活需要。为此，必须坚持以人民为中心的发展思想，完整准确全面贯彻新发展理念，加快构建新发展格局，努力实现更高质量、更有效率、更加公平、更可持续、更为安全的发展。

一个国家和民族的发展，需要确定奋斗目标、战略安排，以此凝聚共识和力量。我们党始终高度重视确定奋斗目标、完善战略安排，并在奋斗目标和战略安排中充分体现带领人民创造美好生活的要求。党的二十大擘画了全面建设社会主义现代化国家、以中国式现代化全面推进中华民族伟大复兴的宏伟蓝图。全面建成社会主义现代化强国，总的战略安排是分两步走：从 2020 年到 2035 年基本实现社会主义现代化；从 2035 年到本世纪中叶把我国建成富强民主文明和谐美丽的社会主义现代化强国。宏伟蓝图已绘就，在实现奋斗目标的过程中，牢牢坚持以人民为中心的发展思想，贯彻落实好发展战略，必将推动人的全面发展、全体人民共同富裕取得更为明显的实质性进展，在高质量发展中为人民创造美好生活。

二、做让老百姓看得见、摸得着、得实惠的实事

党的一切执政活动都是为了实现国家富强、民族振兴、人民幸福，为了实现好、维护好、发展好最广大人民的根本利益。广大党员干部要深入群众体察民情，打通服务群众的"最后一公里"，做到不贪图个人虚名，真正在人民群众最需要的地方、最需要的环节，励精图治，办实事、求实效、创实绩，干出经得起实践、人民、历史检验的功绩。

（一）多谋民生之利

全心全意为人民服务是党的根本宗旨。中国共产党百年的发展史，就是团结和带领广大人民群众进行革命、建设、改革，追求幸福生活的奋斗史。为了让人民群众过上好日子，无论在什么时候，无论付出多大牺牲和代价，无论面临多大挑战和压力，中国共产党人都毫不动摇，矢志不渝。

但是在现实生活中，有个别基层党员干部总是从自身利益出发看问题、作决策、干工作。有的人主动往基础条件好的地方调，寻求个人私利；有的人喜欢搞劳民伤财的"政绩工程"、花里胡哨的"面子工程"、虚张声势的"形象工程"，只求个人出政绩，不管当地老百姓利益；有的人小心翼翼，工作中绕着问题走，拈轻怕重、挑挑拣拣，就怕出现工作失误影响个人前程。2020年7月，内蒙古自治区呼伦贝尔市陈巴尔虎旗为突击完成退耕指标，铲毁2万多亩即将成熟的麦子、油菜，造成数百万斤麦子、油菜籽损毁。显然，这是当地党员干部的政绩观出现了偏差。

与之形成鲜明对比的是四川省开江县。"开江农村客车通,随叫随到马上拢,便捷优质笑呵呵,安全出行乐融融……"这是四川省开江县现在农村交通变化的真实写照。近年来,四川省开江县将农村公路建设纳入县委、县政府的10件民生事项中,建设道路总里程达到2266千米,实现客运通车率和乡镇、建制村道路硬化率两个100%。开江县建成十几个农村公交中心、近二百个农村招呼站点,三十多条预约响应式农村客运专线,并且针对贫困村开辟扶贫客运专线:先后完成农村客运车辆升级线路49条。农村预约响应式客运和班线客运的建立,极大地缓解了群众出行的"最后一公里"问题。

时代楷模、"全国脱贫攻坚模范"黄诗燕是为民谋利的好干部好榜样。2011年,黄诗燕任湖南省炎陵县委书记。当时的炎陵县是国家级贫困县,由于过去的领导干部怕担风险,引进了二十多年的黄桃始终没有发展起来,一直只有样品而没有形成商品。炎陵黄桃的重点产区恰好就是深度贫困区。在黄诗燕的强力推动下,县委、县政府于2011年11月出台了"一带八基地"特色农业发展规划,炎陵黄桃产业由此得到大发展。县里还专门成立了黄桃产业发展领导小组和黄桃产业协会,县财政每年挤出扶持资金达500万元;炎陵黄桃广告在中央电视台《国家品牌计划——广告精准扶贫》栏目播出,黄诗燕拟定了广告语"炎陵黄桃,'桃'醉天下"……随着黄桃产业的不断发展,黄诗燕又帮助乡亲们卖起了黄桃产品。

截至2019年,炎陵县累计有4811户14238名贫困人口靠种植黄桃实现稳定脱贫。全县有83000亩黄桃,总产量45000吨,仅此一项,人均增收8800元,黄桃产业链综合年产值高达20亿元。一颗小黄桃硬是被黄诗燕做成了脱贫攻坚的大产业。

在炎陵县工作期间,黄诗燕走遍了全县每一个建制村,足迹遍布村庄、社区、园区。他尽心尽力帮助村民实现异地扶贫搬迁安置,改善基础设施,带领老百姓脱贫致富。

成绩来之不易、弥足珍贵,凝结着广大党员干部的心血、付出和奉献。党员干部只有始终秉持求真务实、真抓实干的工作作风,多谋民生之利,多做让当地百姓安居乐业之事,让实惠看得见、摸得着,才能不断增强人民群众的获得感、幸福感、安全感。

(二)多解民生之忧

党员干部需认识到人民群众的"难事"推也推不走、躲也躲不掉,一味地推脱怠慢、相互扯皮,结果只能把事情越搞越复杂、问题越搞越大,最终在推诿扯皮中损害了党群干群关系和政府形象。因此,党员干部要为人民群众办实事,就要牢固树立马克思主义群众观,坚持"一切为了群众"的工作理念,集中精力解决人民群众最关心、最直接、最现实的利益问题,想群众之所想、急群众之所急,解决群众反映强烈的问题,为人民群众排忧解难。

国家主席习近平在2018年新年贺词中强调:"我了解人民群众最关心的就是教育、就业、收入、社保、医疗、养老、居住、环境等方面的事情,大家有许多收获,也有不少操心事、烦心事。我们的民生工作还有不少不如人意的地方。这就要求我们增强使命感和责任感,把为人民造福的事情真正办好办实。各级党委、政府和干部要把老百姓的安危冷暖时刻放在心上,以造福人民为最大政绩,想群众之所想,急群众之所急,让人民生活更加幸福美满。"①人民群众要过上美好幸福的生活,还有不少难事需要攻克。千方百计为群众排忧解难,是每名党员干部的责任,要真正将人民群众所需作为政府工作的出发点和落脚点,坚持以人民为中心的发展思想,对照人民群众对美好生活

---

① 《国家主席习近平发表二〇一八年新年贺词》,《人民日报》,2018年1月1日。

的新期盼、新需求，踏踏实实为人民办实事、坚持不懈为人民解难题，用心用情用力解决群众关切的实际问题，要让每个人都能从中得到实惠，充分体会到实实在在的获得感、幸福感、安全感。

看病、上学是民生痛点，更是千千万万家庭最关心的事。为此，我国在2019年初就定下了硬指标：2019年城乡居民医保人均财政补助标准增加30元，一半用于大病保险；降低并统一大病保险起付线，报销比例由50%提高到60%，进一步减轻大病患者、困难群众医疗负担。国家财政性教育经费占国内生产总值比例继续保持在4%以上，中央财政教育支出安排超过1万亿元。财政的每一分投入都得花在刀刃上，切实解决老百姓最关心最忧心的问题。

在医疗领域，重特大疾病是许多群众看病的"痛点"。为减轻重特大疾病患者门诊医疗费用负担，青海省医疗保障局联合青海省卫生健康委员会印发《关于进一步完善基本医疗保险门诊特殊病慢性病政策的通知》，加强基本医疗保险门诊保障功能，有效减轻重特大疾病参保患者医疗费用负担，切实避免"因病致贫、因病返贫"的情况发生。江西省宜春市人民医院想群众之所想，帮群众之所需，解群众之所难，严格落实各项医保制度，2019年上半年以比医改标准高出30%的比例，高标准落实单病种管理49种，占单病种总数的48.5%；加强医联体建设，成立远程医学中心，促进优质医疗资源下沉，2019年上半年已有89家基层医疗机构实现对接，开展550例远程会诊、5期远程教学，把优质、高效的医疗服务送到老百姓的家门口。

在教育领域，学前教育仍是整个教育体系的短板、弱项，发展不平衡不充分问题十分突出，老百姓仍然受着"入园难""入园贵"等问题的困扰。实现"幼有所育"是党和政府为老百姓办实事的重大民生工程。全国各省市纷纷出台相应的惠民政策。比如，河北省衡水市为了更好地解决"入园难""入园贵"等问题，把主城区配建幼儿园统筹管理列入政府重点工作和创新改革的重要事项。2019 年以来,衡水市为积极推进学前教育公益普惠优质发展,出台相应政策措施,扶持部分收费较高的民办园,如给补贴、免除房租等。将其转变为"普惠园"。到 2020 年 1 月,衡水市已有 127 所普惠性幼儿园得到认定。经过市政府统筹管理后,普惠幼儿园收费标准随之大幅度下降。例如,桃城区通过免除相关幼儿园办园者的房租,并按照每生每月 50 元的标准给予补贴,相应的幼儿园保育费平均收费标准比原来降低一半以上。如此一来,就能够让质优价廉的学前教育惠及更多的适龄幼儿,不但解决了"入园难""入园贵"的问题,而且还实现了从"能入园"到"入好园"的转变。在 2019 年11 月教育部召开的新闻通气会上,教育部有关负责人介绍,全国范围内已有1.14 万个城镇小区配套幼儿园完成整改任务, 占应治理总数的 57%,"入园难""入园贵"问题显著缓解。

现在,越来越多的人发现,医院许多常用药品降价了,老百姓还可以通过网上预约挂号,方便多了;另外,远程会诊让老百姓在家就能看病,缩短了等待看病的时间。同时,越来越多的家庭发现,孩子在家门口就能上学,而且办学质量不断提升。一个个民生痛点正在稳步得到解决,人民群众的获得感、幸福感在不断增强。

(三)打通服务群众的"最后一公里"

"最后一公里",原指完成长途跋涉的最后一段里程,被引申为完成一件事情的时候最后的而且是关键性的步骤。打通服务群众的"最后一公里"就是要把党和政府的惠民政策真正贯彻落实,让人民群众真正受益。

近些年来,党和国家相继出台了很多惠民政策,老百姓也从中得到了实惠。但是仍然有些地方政策落实不力。有的基层群众反映,群众最痛恨的是

"上有政策,下有对策",虽然上面有一系列的惠民举措,但是政策始终"走在路上",服务始终"停在嘴上",人民群众没有真正得到实惠,由此导致"末梢堵塞",出现联系服务群众的"最后一公里"问题。为此,党员干部要为人民群众办实事、解难题,就必须深入群众、体察民情、倾听民意,了解人民群众所思所想所需,打通服务群众的"最后一公里"。

2019 年 12 月 25 日,山东省济南市历下区搭建的"泉心愿"服务平台正式上线。历下区紧密结合"不忘初心、牢记使命"主题教育,通过搭建"泉心愿"服务平台,以"微心愿"联系群众,以"微志愿"服务群众,以"微治理"为群众排忧解难,真正打通服务群众的"最后一公里"。

"微心愿":关键词是"指尖许愿、线上认领、合力圆梦"。人们的心愿可以随时通过微信搜索"泉心愿"小程序,点击"微心愿"菜单发布,即可寻求别人的帮助。党组织和党员实时认领心愿,汇聚力量及时助力圆梦,充分发挥党组织的职能优势,精准对接群众的热切期盼,实现点对点服务、一对一帮扶的高效互动。普通人也可以看到他人发布的小心愿,如果有余力,也可以认领,力所能及地帮助他人,传递爱心。

"微志愿":关键词是"汇总清单、汇聚资源、惠及民生"。"微志愿"是面向更广泛人群的共性需求,人人可享、时时可为、处处可做。充分发挥党组织的桥梁纽带作用,将驻区单位党组织、"双报到"单位与基层的实际需求实现整合对接,形成社区公益理发、法制宣传教育、金融知识宣传等特色志愿服务项目,将队伍、项目同时在"泉心愿"平台上线,随时随地响应群众需求。人们只需要点开"微志愿"菜单,就可以浏览本社区"双报到"单位、党组织开展的所有志愿服务项目,选择好自己需要的项目,点击"我要报名",专业服务就会"送到家门口",通过兑现服务承诺,实现社区的自我管理、自我服务。

"微治理":可以称得上居民的掌上"12345",关键词是"联抓联创、联治联防、联调联动"。通过街道社区、网格员、普通群众的"随手拍、及时传、限时办"，随时随地深入挖掘群众关切的小微难题，使得相关责任单位能够及时发现问题、第一时间落实解决问题，实现人人参与、人人监督的城市管理与社会治理，力争做到党组织知民心懂民意，尽心尽力办实事，让人民群众满心满意。

2019 年，济南市与社区联系对接的市直机关直属党组织达到 100 个、基层党支部达到两千多个，全市两万余名在职党员，直接服务群众达六千余人次。历下区通过"泉心愿"平台，共征集落实 837 个群众"微心愿"，开展一万余人次志愿服务，起底整治 185 个基层小微问题。

"神经末梢"通了，联系服务群众才能"零距离"。各级党员干部要真正深入基层，让群众话有地方说、事有地方办、困难有人帮、问题有人管，切实打开党组织、党员为群众办实事、解难题的大门。党员干部只有把人民冷暖、安居乐业放在心上，才能在人民群众中留下好口碑。

三、做为后人作铺垫、打基础、利长远的好事

《孙子兵法》云："故善战者之胜也，无智名，无勇功。"善战者们难免给人政绩平平的印象，但真正实现作铺垫、打基础、利长远的正是这些"平平政绩"。党员干部也要做这种"善战者"，不能只追求立竿见影的效果，一定要扎扎实实打好基础。

（一）群众利益无小事，"一枝一叶总关情"

中国共产党要带领人民创造美好幸福生活，就要时刻把人民利益摆在

至高无上的地位。柴米油盐酱醋茶，一张身份证、一份证明，是攸关群众利益的事情，看似不起眼，但是如果解决不好，就会影响人民群众的幸福生活。党员干部不但要有"谋大事"的能力，更要有"办小事"的热情与干劲。群众的"小事"是构成国家、社会大事的"细胞"，群众的"小事"应是党员干部的大事。党员干部要树立"群众利益无小事"的观念，重视人民群众生活中的小事，并且要当作大事去办。只有帮助群众解决一件一件生活困难之类的"小事"，才能维护社会和谐，体现党和政府公信力，才能夯实国家富强、民族振兴、人民幸福的基石。

2020年10月，一篇名为《习近平关心的那些"小事"》的文章阅读量很快突破100万。文中指出，在刚刚过去的"十三五"期间，大到各项国家大事，小到一桩桩民生"小事"，都在国家的大力推动下发生了积极的变化。倡导"光盘行动"、实行垃圾分类、农村厕所改造等老百姓身边的"小事"，在习近平心中都是实实在在的"大事"，他在"十三五"期间多次作出重要指示，要求强力推进。5年来，很多"小"事都发生了"大"变化。

在党的十九届五中全会审议通过的《中共中央关于制定国民经济和社会发展第十四个五年规划和二○三五年远景目标的建议》中，养老育幼、水电路气、粮棉油糖肉，甚至农村厕所改革、生活垃圾处理和污水治理等民生小事都有涉及。

习近平谆谆告诫广大党员干部，农业强不强、农村美不美、农民富不富，决定着全面小康社会的成色和社会主义现代化的质量。在很多人眼里，农村厕所粪污、畜禽粪污是一件上不了台面的小事。但在习近平眼里，这是大事，它与六亿多农村居民的生产生活环境息息相关，与农村能源革命息息相关，与土壤能不能不断改善、能不能治理好农业面源污染息息相关，这是"一件利国利民利长远的大好事"。近年来，国家安排专项资金，实现了585个畜牧大县全覆盖。2019年,畜禽粪污综合利用率达到75%。

习近平指出,厕所问题不是小事情。"厕所革命"贯穿着中国城市发展的始终,与城市建设同频共振,在很大程度上反映着一个国家的文明程度。一场"厕所革命"在"十三五"期间全面深入展开,从城市逐步扩展到农村。1949年时的北京,全市仅有五百余座公厕。截至2018年,北京市已经拥有19008座公共厕所,在特大城市中保有量位居世界第一。在农村,"厕所革命"正悄然改变着村容村貌。2018年5月,一封倡导改厕的《致农民朋友一封信》贴在陕西省西安市长安区东升村村口的公示栏。村里的党员发挥带头作用,带领村民改造厕所,通过党员示范、村民跟风,拆旱厕,建户厕,在空地上盖菜园,使得东升村村貌焕然一新。2020年10月,农业农村部负责人表示,农村厕所革命扎实推进,目前,全国农村卫生厕所普及率达到65%以上,2018年以来累计新改造农村户厕三千多万户。"厕所革命"这一"天大的小事",从民生短板一跃成为提升群众生活幸福感的助力跳板。

习近平关心的这些民生"小事",实则都是实事,件件都与老百姓的幸福指数相关。要将小事办好需要花大功夫。建设美丽中国是一场持久战,无论是城市,还是乡村,都需要从民生"小事"一件一件地抓,一件一件地解决,不断夯实美丽中国的基石。

(二)扎扎实实做"功在当代、利在千秋"的事

电影《我们村里的年轻人》的插曲中唱道:"樱桃好吃树难栽,不下苦功花不开;幸福不会从天降,社会主义等不来。"习近平曾用这句歌词告诫广大党员干部,幸福不会从天降,没有天上掉馅饼的事情,我们要始终保持积极进取的姿态。艰难困苦,玉汝于成。

　　随着经济社会的不断发展，我国城市建设也在不断发展，城市的作用越发重要。城市排水系统是城市建设发展的重要基础性工程，是城市健康发展及居民工作生活不可或缺的重要组成部分。近年来，随着我国城镇化的快速发展，大量人口涌入城市，也对城市排水系统带来巨大考验。城市内涝已经成为一种新的城市病，极大地威胁着人民群众的生产生活及生命安全。2010年至2016年，我国平均每年有一百八十多座城市年年暴雨、年年内涝，排水防涝工程体系仍待完善。治理城市内涝问题不是在短期之内可以解决的，是一场持久战。

　　各地政府纷纷出台治理城市内涝的具体举措，不断完善城市排水防涝工程体系，比如，很多地方提出建设"海绵城市"缓解城市内涝。"海绵城市"是设想让城市能够像海绵一样具有良好的"弹性"，既能适应环境变化，也能应对自然灾害，是新一代城市雨洪管理概念。因此，海绵城市也被称为"水弹性城市"。

　　宁夏回族自治区固原市是典型的西部缺水型城市，市区的路面竖向坡度大，东西落差近百米，同时存在着洪涝和冲刷的问题。然而由于早期市政排水管网设计标准低，再加上排水管网建设、管养和运维跟不上，堵塞、腐蚀、漏损等问题时常发生，管网基础沉降、镂空问题严重，城市的排水能力受到直接影响，逢雨必涝。尤其是老城区，65%的面积为雨水和污水的合流区，每逢降雨，污染严重，成为城市的一大顽疾。2016年，固原市成功入选国家第二批海绵城市建设试点城市。固原市将城市发展建设与海绵理念融合起来，结合当地地形地貌特点，实施"蓄用为主、滞净为辅、渗排结合"的策略，通过建设10大类123个项目，包括清水河综合整治、改建或新建道路、小区、污水处理与再生工程、给排水管网检测与修复、监测平台等，提高城市水资源承载能力。

固原市政府通过建设"海绵城市",逐渐把市区打造成了一个会自动利用雨水、主动将雨污分流、能生成新鲜空气的生态城市,真正实现"城市雨水、污水分流而治,通过铺设专门的管网,实现各行其道,疏导有径"。2020年,固原市多次出现强降水天气,1月到10月累计降水量达到五百多毫米,但市区未发生一次内涝,实现历史性逆转,这正是得益于"海绵城市"的建设。为人民群众生产生活创造良好的环境,为城市建设发展打好基础,实属功在当代、利在千秋。

(三)接续奋斗,为民造福

生态环境是事关民生的重大社会问题,也是事关党的使命和宗旨的重大政治问题。建成社会主义现代化强国,实现中华民族伟大复兴,不是轻轻松松敲锣打鼓就能实现的,需要一代人接着一代人持续奋斗,要多做为后人作铺垫、打基础、利长远的好事。从右玉的县委书记们,到八步沙林场治沙造林的"六老汉",再到塞罕坝林场的建设者,中华民族不乏"俯首甘为孺子牛"的党员干部,他们一茬接着一茬默默奉献,辛勤耕耘,为的只是造福后世子孙。

"五十多年来,河北塞罕坝林场的建设者们听从党的召唤,在'黄沙遮天日,飞鸟无栖树'的荒漠沙地上艰苦奋斗、甘于奉献,创造了荒原变林海的人间奇迹,用实际行动诠释了绿水青山就是金山银山的理念,铸就了牢记使命、艰苦创业、绿色发展的塞罕坝精神。"这是《感动中国》栏目对塞罕坝林场建设者的颁奖词。

2018年8月,电视剧《最美的青春》热播,让塞罕坝一时间家喻户晓。这部电视剧讲述了20世纪五六十年代,一群年轻人满怀奋斗的激情,放弃原本优渥的生活,响应国家号召来到了寸草不生、条件艰苦的承德塞罕坝,扎根奋斗的故事。剧中的角色都是真实存在的。一代又一代人最美的青春奉献给了塞罕坝，在一无所有的塞罕坝创造了奇迹，真实展现了"塞罕坝精神"。塞罕坝林场的建设者扑下身子来埋头苦干，静下心来求真务实，一心为民不图名利，他们无一例外地把这种投入多、见效慢的"慢活"当成自己的事业来追求。他们用几十年如一日的坚持、一茬接着一茬干的精神，铸就了共同的伟大事业。很多人可能连他们的名字都叫不上来，但是他们却在百姓心中留下了不可磨灭的丰碑。五十多年前，在恶劣的环境中，塞罕坝林场的建设者靠着"一日三餐有味无味无所谓，爬冰卧雪冷乎冻乎不在乎"的乐观主义情怀，吃黑莜面、喝冰雪水、睡地窖子，一代接着一代干，不断攻克造林育林技术难题。经过55年的不懈奋斗，三代林场建设者徒手在1棵树都难以成活的荒漠种了112万亩的人工森林，将塞罕坝的森林覆盖率提高到80%。塞罕坝一改过去"黄沙遮天日，飞鸟无栖树"的荒无人烟的景象，变身为"河的源头、云的故乡、花的世界、林的海洋、鸟的乐园"，成为国家AAAAA级旅游景区。塞罕坝林场的建设者创造的绿色奇迹，深刻印证了"保护生态环境功在当代、利在千秋"的论断，他们用实际行动诠释了习近平"绿水青山就是金山银山"的理念。

令人感动的是，塞罕坝林场的建设者在种树的时候，根本没有考虑过个人名利，他们全是在考虑怎样才能给后人留下更多阴凉、更多绿色，让子孙后代受益，让人民群众能够安居乐业。

八步沙林场的"六老汉"是值得广大党员干部学习的榜样。20世纪80年代的甘肃省古浪县八步沙荒无人烟、寸草不生，"一夜北风沙骑墙，早上起来驴上房"是八步沙恶劣环境的真实写照。更严峻的是，当时的沙丘以每年7.5米的速度向南推移，严重影响了周围十多个村庄、两万多亩良田、三万多名群众的生产生活。在党和政府的号召下，郭朝明、贺发林、石满、罗元奎、程海、张润元6位老汉积极投身治沙造林、守护家园的伟大征程。他们没有任何治沙经验，就从刚开始的"一步一叩首，一苗一瓢水"，到后来不断摸索出"一棵树，一把草，压住沙子防风掏"的方法。近四十年来，6位老人祖孙三代扎根荒漠、接续奋斗。三代治沙人累计治沙造林21.7万亩，管护37.6万亩的封沙育林草，栽植三千多万株各类沙生植物。他们用"愚公精神"将昔日的漫漫黄沙岭，变成了百姓安居乐业的绿洲，创造了令世人惊叹的绿色奇迹。同时，在八步沙治沙人的带领下，参与治沙造林的周边农民越来越多，治沙队伍壮大了，农民收入也有了增加。八步沙林场固定资产由原来只有两百多万元，增加到现在两千多万元，原来职工的年收入平均不足三千元，现在能够达到五万多元。

建设美丽中国，既要破除能源资源约束难题，还要偿还生态环境欠账，发扬爬冰卧雪、以苦为乐的塞罕坝精神，一代人接一代人地奋斗，持之以恒、久久为功，美丽中国的目标一定会早日实现。

四、既要做出"显功"，也要做实"潜功"

习近平指出，既要做"显功"，也要做"潜功"。"显功"的特点是看得见、摸得着、费力少、周期短、见效快，而"潜功"的特点往往是不显山、不露水、投入大、周期长、见效慢，需要久久为功、脚踏实地、默默无闻地奉献。各级党员干部在做好一些容易出彩的"显功"的同时，也要以持之以恒的定力多做一些"潜功"。

（一）正确处理"显功"与"潜功"的关系

"显功"与"潜功"是辩证统一的关系，"显功""潜功"都是政绩。如果一味地追求劳民伤财的"显功"，利长远的"潜功"就不得不"靠边站"；如果一味地强调长远而忽略当下，同样是不科学的。从长远和根本上来看，做"显功"与做"潜功"并不矛盾。做好克服当前困难、解决现实问题的"显功"，才能为今后做"潜功"创造条件；做好接续奋斗、久久为功的"潜功"，才能为当地经济社会全面发展厚植优势、积蓄力量。因此，"潜功"是"显功"的支撑，"显功"是"潜功"的结果，二者都是政绩，并不对立，而是辩证统一的关系。

政绩对于党员干部来说确实很重要，但要懂得如何看待政绩，既要立足当下，也要谋划长远；既要着眼局部，也要照顾全局。一般人更喜欢做好"显功"，做一些让老百姓很快能看得见、摸得着、得实惠的实事，既出了政绩，又能得到人民群众的好口碑，可以说是顺民心、合民意，对个人前程也大有裨益。其实，做好"潜功"也同样重要，为后人作铺垫、打基础，虽然不会有立竿见影的政绩，但经过历史沉淀之后，依然会让老百姓享受到福祉。

一些党员干部对二者的理解还存在偏颇。个别党员干部认为"显功"能在较短的时间内、花较少的精力，快速展现个人政绩；而"潜功"更像是深宅大院里的"大家闺秀"，千呼万唤不出来，难以在短时间内让上级和人民群众看到自己的能力和作为，甚至有时候更多的是在为他人做"嫁衣"，所以这类党员干部更喜欢做"显功"而不愿修炼"潜功"，甚至想通过做一些急功近利、违背群众意愿的"显功"实现晋级升迁。这些想法的产生都是因为错误的政绩观在作祟。这种做法无疑让"显功"变了味，必须坚决予以纠正。

中国特色社会主义进入新时代，工作千头万绪，需要以时不我待的责任感和紧迫感快马加鞭、克难攻坚、奋力推进。"九层之台,起于垒土。"要实现中华民族伟大复兴的中国梦,仍有大量需要下"绣花"功夫、持之以恒去做的"作铺垫、打基础、利长远"的工作。因此,党员干部要树立正确的政绩观,摒弃"假大空",坚持实事求是,既要做出人民群众满意的"显功",也要做实造福后世的"潜功"。

(二)做好"显功"

党的十九大既描绘了建成社会主义现代化强国、实现中华民族伟大复兴的美好蓝图,也提出了艰巨任务,特别是强调要打好防范和化解重大风险、精准脱贫、污染防治"三大攻坚战"。这三大攻坚战都是硬骨头,都有硬指标,都要打硬仗,必须全力以赴,不能有丝毫的消极懈怠,不达目的绝不收兵。为官一任就要造福一方,任何为官不作为的懒政怠政、不思进取都与我们的时代要求背道而驰。新时代是大显身手的时代,党员干部要勇于担当,要求真务实,干事创业,特别是对群众不满意不喜欢的最迫切需要解决的问题,要立即办,不要拖,不要推,而且要让人民群众尽快见到成效。多做让群众看得见、摸得着、得实惠的实事好事,让人民群众满意。

但是党员干部要牢记,"显功"不是玩眼花缭乱、看似高深的数字游戏,也不是搞声势浩大、花拳绣腿的虚功,更不是搞劳民伤财、华而不实的"形象工程""面子工程",而是能经得起实践、历史和人民检验的实绩。不管是做什么功,首先都是真功实功,说话做事务求出真招、办实事,下真功、求实效。一些党员干部为了树立个人形象、实现个人私利,一心想弄点大动静出来显示自己的能耐,这就容易导致各种形式主义、投机取巧甚至弄虚作假。比如,不顾当地政府财力状况,盲目举债上项目搞建设,造成沉重的债务包袱;不计成本建大广场修大马路，不讲投入产出，不分轻重缓急；对急需解决的民生问题要么相互扯皮，要么敷衍塞责，或者只是装装样子，应付检查；等等。这样急功近利、弄虚作假得来的不是功，而是过，不是政绩，而是败笔。这些从不把人民群众的安危冷暖放在心上的党员干部，一定会在人民群众的唾弃声中跌倒。党和人民真正需要的是全心全意为人民服务，勤政为民，多谋民生之利、多解民生之忧，千方百计为群众排忧解难的好干部。

（三）肯做"潜功"

党员干部不但要善于做"显功"，还要肯于做为后人作铺垫、打基础、利长远的好事，也就是做"潜功"。"求木之长者，必固其根本。"基础不牢，地动山摇。中华民族伟大复兴的中国梦必须依托坚实的基础，中国特色社会主义事业不可能建立在松软的沙滩上。

"潜功"之所以重要，一方面是因为它符合我们必须坚持的正确政绩观的要求，另一方面是因为它契合事物发展规律。马克思主义哲学告诉我们，从量变到质变的过程是一个不断积累的漫长过程，这个过程中作铺垫、打基础、利长远的工作往往不能立刻出现明显的效果。党员干部在干事创业中，要把雷厉风行和久久为功有机结合起来，勇于攻坚克难，以钉钉子精神做实做细做好各项工作。党员干部要树立正确的政绩观，树立"潜功"意识，练就抓"潜功"的能力，多做打基础、利长远的事，对历史和人民负责。这才是新时代党员干部该有的政绩观。

做"潜功"要有"功成不必在我"的精神。如果没有这样的胸怀和气度，没有"前人栽树，后人乘凉"的境界，没有淡泊名利的豁达，是难以做好的。党员干部应当始终牢记权为民所用、利为民所谋，情为民所系，要用党和人民赋予的权力，为党和人民建功立业。焦裕禄在兰考工作只有一年多，却在群众心中铸就了一座永恒的丰碑。杨善洲晚年扎根大亮山，义务植树造林 22 年，绿了荒山、白了头发。"潜功"虽然没有一时的光鲜亮丽，但它将永远存在，看似默默无闻，但实际上它是推动事业发展、造福子孙后代的大功。

做好"潜功"要发扬钉钉子精神。政贵有恒。党员干部要在大胆开展工作、锐意进取的同时，注意保持工作的连续性和稳定性。实践在不断发展，我们的认识和工作也要与时俱进，及时调整和完善，但要切记不能因为领导干部的更换就来个"兜底翻"，更不能为了"短平快"的政绩彻底去搞另一套，而是要保持力度和韧劲，善始善终，善作善成，持之以恒。一张蓝图如果是切合实际的、符合人民愿望的，那么它就是一张科学的、美好的蓝图，就要一茬一茬接着干。一张蓝图绘到底，干出实绩。

豫剧《焦裕禄》中唱道："老百姓心里有杆秤，知道你是重还是轻。老百姓心里有面镜，知道你是浊还是清。"只有为人民群众真心实意办好事、脚踏实地干实事的党员干部，才能赢得群众的认可和信赖。党员干部要把为民造福作为出发点和落脚点，奋发有为，真抓实干，不务虚名，不兴伪事，既把"显功"做好，又把"潜功"做足。"不要人夸颜色好，只留清气满乾坤"，把英名和业绩永远留在人民心中，心无形，但却永恒。

第五章

基层干部担当作为：勇于求真务实

习近平在参加十三届全国人大三次会议内蒙古代表团审议时强调，"党员、干部特别是领导干部要清醒认识到，自己手中的权力、所处的岗位，是党和人民赋予的，是为党和人民做事用的，只能用来为民谋利。各级领导干部要树立正确的权力观、政绩观、事业观，不慕虚荣，不务虚功，不图虚名，切实做到为官一任、造福一方"①。

一、共产党员不树个人形象

不树个人形象，是共产党员的政治身份所决定的。如果说我们党是一个整体，每名党员就是党的细胞，每名党员都是党组织的一张名片。党员干部的形象代表自己，但更多的是代表党和政府。在现实中，有个别党员干部干

① 《坚持人民至上 不断造福人民 把以人民为中心的发展思想落实到各项决策部署和实际工作之中》，《人民日报》，2020 年 5 月 23 日。

工作只是为了给上级看，或者只是为了给媒体看，过分关注树立个人的形象，于国计民生并无任何实际好处，是错误政绩观的典型表现，必须坚决纠正。

（一）为民服务不能只是向上看

习近平在河北省阜平县考察扶贫开发工作时明确指出，我们讲宗旨，讲了很多话，但说到底还是为人民服务这句话。我们党就是为人民服务的。中央的考虑，是要为人民做事。各级干部也不能眼睛总是向上。任何事情都要向上看看，向下看看。……是不是在围绕党和国家中心任务而工作？古时候讲，食君之禄，忠君之事。现在就是要服务人民。多想想我们干的事情是不是党和人民需要我们干的？要一心一意为老百姓做事，心里装着困难群众，多做雪中送炭的工作，常去贫困地区走一走，常到贫困户家里坐一坐，常同困难群众聊一聊，多了解困难群众的期盼，多解决困难群众的问题，满怀热情为困难群众办事。[①]当前，我们有些干部习惯于眼睛向上看，而对群众的愿望与诉求却常常睁一只眼、闭一只眼，敷衍了事。习近平的讲话，是对这些习惯于眼睛只向上看的干部的提醒和警示。党员干部履职尽责做工作既要向上看，也要向下看。

向上看，要准确吃透上级政策，加强和领导的沟通，更好地服务群众。吃透上级政策，既需要党员干部紧跟党的创新理论发展步伐，准确领会党的路线方针政策，结合岗位实际，细致研究，深入落实，也需要向上级领导积极请示、汇报，保证工作沿着正确的方向开展。党员干部与上级领导接触是为了加强沟通，更好地贯彻执行上级政策，将其不折不扣地落实到工作中，或者是将工作中遇到的困难进行反馈，并提出好的建议或意见供上级领导参考，

①　习近平：《做焦裕禄式的县委书记》，中央文献出版社，2015年，第24页。

便于工作的调整和改进，或是为了汇报工作，以便领导能够及时准确地掌握工作的开展情况，更好地统筹全局。正确处理好与上级领导的关系，只要忠于本职，以工作为中心，以更好地服务群众为目的，没有掺杂任何私心，就是党的好干部。

但在处理与上级领导的关系时，千万不可剑走偏锋，刻意与上级领导增加私人交情，企图以私代公。上级领导对党员干部工作的肯定，在一定程度上有话语权，上级领导的态度对一个干部的前途起着不小的影响作用。一些党员干部千方百计地想要在上级领导面前"表现"，不甘于默默无闻、无私奉献，不是将精力放在工作上，而是挖空心思进行讨好，整日揣测上级领导的"意图"。生活上，每逢节日都要"探望"一次，与上级领导"增进感情"，工作中，每做一点都要表功一番，让上级领导"加深印象"。他们认为，只要和领导私人关系好，就能够得到领导对自己工作的肯定。在这种扭曲的政绩观支配下，这些党员干部热衷于"讨好"领导，甚至连领导家的私事也大包大揽。为开展工作，与上级领导加强沟通，是工作的必要组成部分。有的党员干部为领导拎包、打伞、拿杯子，有的党员干部溜须拍马、唯唯诺诺。这些党员干部与上级领导接触是为了表政绩，甚至是表"忠心"，他们全然不顾本职工作，带着自己的"小九九"，图的是利益上多分一杯羹，给仕途多垫一块砖。这些党员干部损害了群众利益，带坏了社会风气。

当然，作为单位领导应善识"身边人"，必须分清哪些是务实贤能之才，哪些是讨好献媚之徒，不能让投机者得意，也不能让实干者吃亏。只有作风正派，才能让那些不重实绩、只会拍马屁的投机分子无机可乘，真正树立求真务实的导向和作风。

党员干部履职尽责做工作不但要向上看，更要向下看。真政绩是在向下看的过程中实干出来的。向下看的过程，既是深入实际的过程，也是转变作风的过程。现实生活中，一些干部形式主义、官僚主义问题严重，习惯于向上看，不注意向下看，对群众漠不关心，把下基层当走过场，结果是伤害了群众感情，影响了党和政府形象，甚至引发各种矛盾，危及社会和谐稳定。

向下看要把握"下情"，接好"地气"。各地、各单位情况各不相同，形势的发展变化也日新月异。长期在机关工作的党员干部，如果不深入基层、深入群众、不重视调查研究，时间久了说话办事就与基层有了隔阂，可能就不接地气了。树立正确的政绩观，不是简单的下基层。要坚决摒弃下基层混经历的党员干部。有的党员干部即使身处基层也不等于就接了"地气"，他们"身入"了，但"心没入"，这种人尽管占着"地利"，却没接到"地气"。要深入调研接"地气"，眼睛向下，多听取群众意见。调查研究要"身入"，就是要求党员干部从机关里走出来，深入基层，深入生产生活第一线，亲自了解实际情况。

毛泽东曾说过："你要找什么知识，蹲在机关里是找不到的。真正出知识的地方是工厂、合作社、商店。"①没有调查就没有发言权，不做正确的调查同样没有发言权。习近平曾强调："领导干部进行调查研究，要放下架子、扑下身子，深入田间地头和厂矿车间，同群众一起讨论问题，倾听他们的呼声，体察他们的情绪，感受他们的疾苦，总结他们的经验，吸取他们的智慧。"②

正确的调查首先是"身入"的调查，坐在办公室里凭空想象不可能了解到实际情况。但是仅仅"身入"是远远不够的，还应当"心至"。"心至"解决的是"在状态"问题。调查研究要取得好的效果，不仅要拉近调研者与群众之间的空间距离，还要拉近两者之间的心理和情感距离。如果只是"身入"而没有"心至"，就不可能把调查研究做深、做实、做细，取得实效，甚至有可能犯形式主义和官僚主义错误，如走走"指定路线"、看看"规定动作"、听听"悦耳之词"等。

---

① 《马列著作毛泽东著作选读(哲学部分)》，人民出版社，1978年，第463页。
② 中共中央党校科研部：《新时代调查研究之道》，人民出版社，2023年，第232页。

"心至"的调查不仅包含看什么的问题，还涉及怎么看的问题。是脱离群众、凌驾于群众之上，还是真心实意地把自己当作人民群众的一分子；是只考虑个人的荣辱得失，还是设身处地为群众着想，决定着一名党员干部是否向下看，怎么向下看。如果方法不对，背离群众立场办事情，就会事与愿违，就会损害群众利益；如果作风不正，戴着有色眼镜向下看，就看不到问题，就有可能出大问题。党员干部不但要注意向下看，而且要学会怎么看，真正把人民群众当老师、当英雄、当上帝，真正做到一切为了群众、一切依靠群众，在向下看的过程中践行全心全意为人民服务的根本宗旨。

（二）为官一任不能单纯靠包装

贪名的官员，常常利用职权，频繁在媒体前露面，三天两头电视里有影，电台里有声，报纸上有文，群众嘲讽说这些沉迷包装的党员干部都快成电视明星了。

媒体宣传党员干部真实的政绩，本身并没有什么错。如果党员干部确实做出了很大的成绩，做一些宣传也无可厚非，这既是对党员干部的褒扬，也能激励更多的人学先进。因为真正的政绩能够鼓舞人心，振奋精神，起到积极的作用。但是宣传政绩又很难有一个准确的标准。有的实干家宁可把政绩留在人民群众的心中，也不愿意媒体为自己歌功颂德。

宣传部门的党员干部，在新闻报道中要把好政治关，严守新闻阵地的清风正气，不能整天围着领导转，联系电视台只做领导专题，联系报社只上领导专访，联系网站只做领导在线访谈。很多时候，在党员干部形象包装背后往往存在着利益输送，被包装的人形象一旦树立起来，操作包装的人就可能得到提拔等回报。因此，我们应该从头脑中摒弃这样的政绩包装思路，在行动上与吹嘘政绩划清界限。

党员干部的形象应当靠实干来树立，让群众来评价。党员干部是什么形象，群众自然心里有数。常常上电视，不如百姓真喝彩。那种靠包装树立起来的形象，并不是干部真的形象，即使一时树立起来，也是不牢靠的，迟早要破灭的。

（三）不事张扬留下奋斗好名声

树立正确的政绩观，既要珍惜任期内的创业干事平台，又不能急功近利，要从长计议，仔仔细细筹划，踏踏实实干事。要把自己的所作所为放在一代代党员干部接力奋斗的历史进程中，成为完胜接力赛的重要一棒。

罗马城不可能一天建成，事情要一桩一桩地做。政绩都是不断累积而成的，没有量的积累，就很难有改善人民生活质的改变。习近平在庆祝改革开放 40 周年大会上的重要讲话中强调："建成社会主义现代化强国，实现中华民族伟大复兴，是一场接力跑，我们要一棒接着一棒跑下去，每一代人都要为下一代人跑出一个好成绩。"①贯彻落实习近平的这一讲话精神，广大党员干部要带头跑好属于自己的这一棒。

任何工作都是一个循序渐进、厚积薄发的过程，树立正确的政绩观一定不能有一鸣惊人的错误认识。现实中，有些党员干部不太重视量的积累，总想着一举成功，吸引上级领导的目光和媒体的关注，"坐板凳的，屁股都没坐热，就想坐太师椅"，不明白在不张扬中做大事的道理，这其实是一种自我认知缺陷。

党员干部要有正确的自我认知，要经常潜下心来检视自身是不是履职尽责了，把干事留给自己，升迁交给组织，不能"一年干，两年盼，三年看，四

① 《习近平在庆祝改革开放 40 周年大会上的讲话》，《人民日报》，2018 年 12 月 19 日。

年提不起向后转"，要有"功成不必在我"的理念和境界，做一名专心致志、埋头苦干的实干家。多做打基础、管根本、利长远的事，不讨巧卖乖、不刻意去表现自己，真正把好事办好、把实事办实。要发扬钉钉子精神，不图一时之名、不贪一时之功，以踏石留印、抓铁有痕的劲头，不放松、不停顿、不懈怠，久久为功，一张蓝图绘到底，一锤接着一锤敲，注意防止和纠正各种急功近利的行为，善始善终、善作善成。

在树立正确的政绩观方面，时代楷模张富清为广大党员干部树立了榜样。张富清经历过解放战争的枪林弹雨，九死一生，屡建奇功，转业后主动选择到湖北省最偏远的来凤县工作，为贫困山区奉献了一生。六十多年来，张富清把"功劳"尘封于"箱底"，连儿女都不知情。1955 年，已是正连职军官的张富清所在部队面临调整，需要大家去地方支援经济建设。战功赫赫的张富清原本可以选择回老家陕西，但当听到"在湖北，恩施地区最艰苦，最缺乏人去建设"时，他当即决定要到艰苦、困难的地方为党工作。他在恩施最艰苦的地方来凤县，一待就是六十多年，把余生献给了来凤。正如《感动中国》栏目的人物颁奖词所言："从不居功索取，只为坚守使命初心，默默奉献。"广大党员干部应该学习张富清的精神，扎根基层、奉献山区，一心为党、一心为民，不计得失、不讲条件，一心一意干好每一件工作，以满腔热情在艰苦的环境中尽职尽责、苦干实干。

习近平主席在会见意大利众议长菲科时强调："这么大一个国家，责任非常重、工作非常艰巨。我将无我，不负人民。我愿意做到一个'无我'的状态，为中国的发展奉献自己。""无我"，就是完全以国家前途、民族未来为念，就是心中时刻装着人民群众，唯独没有自己。树立正确的政绩观，就是以无我的状态投入工作，不树个人形象，尽职尽责，用工作实绩彰显共产党员的好形象。

二、党的干部反对劳民伤财

习近平深刻指出："干事创业一定要树立正确政绩观，做到'民之所好好之，民之所恶恶之'。"①要求真务实、真抓实干，做工作自觉从人民利益出发，决不能为了树立个人形象，搞华而不实、劳民伤财的"政绩工程"、"形象工程"。要坚决破除形式主义、官僚主义，要坚决遏制唯"绩"是从、唯"功"是举，不从实际出发，搞华而不实、违背民意、劳民伤财的"政绩工程""形象工程"。

（一）贪大求洋毁家底

好钢用在刀刃上。树立正确的政绩观，就是抓住关系群众切身利益的主要矛盾和问题，统筹资源，铆足劲为人民谋福利。党的十九届五中全会提出，到 2035 年，全体人民共同富裕取得更为明显的实质性进展。各级党员干部树立正确的政绩观，就是积极推动当地发展，让家底薄的变厚，让家底厚的变得更厚。对于近年来个别党员干部贪图虚名，不顾当地财政实际，盲目造景、贪大求洋的做法我们要引以为戒。

贵州省独山县委原书记潘某某就是一个反面典型。潘某某在任期间，罔顾独山县每年财政收入不足 10 亿的实际，盲目举债近 2 亿元打造"天下第一水司楼"等"形象工程""政绩工程"。公开资料显示，这个所谓的"天下第一水司楼"，已经申报了三项吉尼斯世界纪录：世界最高琉璃陶建筑，世界最高

---

① 《习近平谈治国理政》（第二卷），外文出版社，2017 年，第 144 页。

水族、布依族、苗族民族元素建筑，世界最大牌楼。这几项"最大""最高"，听起来够壮观、够气派，然而独山县的经济基础却不容乐观。2019年5月的国家级贫困县名单上，独山县依然位列其中，而且债务压力很大。面对脱贫攻坚的紧迫形势，每个贫困县需要深刻地意识到，每一分钱都来之不易，要将它花在最需要的地方。像独山县这样豪掷近1/5的财政收入，追求"高大上"，除了满足个别人的面子、少数人的利益冲动外，对老百姓没有真正的益处。

值得注意的是，类似的事情并不鲜见，只是范围有大小、程度有轻重而已。2018年9月，国务院扶贫办约谈了8个贫困县市，发现不少地方出现城建"贪大求洋"、乡村造"大景观"的现象，甚至有的贫困县长期举债，负债率高达336%。2019年初，住房和城乡建设部发布通报，点名批评甘肃省榆中县北入口环境整治项目、陕西省韩城市西禹高速韩城出入口景观提升工程，这些项目均存在脱离实际搞"政绩工程""形象工程"等问题。这些地方政府领导抱着唯GDP的片面观念，认为大基建、大工程容易把经济指标搞上去，成绩更容易被看到。

无论是贫困县斥巨资"造门"，还是浮华"造景"，在博取眼球、提高知名度的表象下，都指向脱离实际搞"政绩工程""形象工程"的实质。近年来，基层群众对类似这样不顾实际盲目上项目、铺摊子、"打肿脸充胖子"的现象深恶痛绝。这种应一时之"景"、造一时之"势"的行为，有名无实、有形无用，不仅造成巨大浪费，还会成为需要继续填补的"钱窟窿"，遗留诸多难以化解的社会矛盾，显然与中央部署要求格格不入，甚至背道而驰。

树立正确的政绩观不是反对地方搞大动作，只要符合地方情况、能展示出地方特色、经过科学论证的，都可以大胆尝试；我们所反对的，是那种一把手好大喜功的拍脑袋工程。一些"政绩工程"之所以不得人心，大都是缺乏必要的财政审批流程，不合乎科学评估的规则和程序。树立正确的政绩观，就是要时刻想到,干事创业都要坚持以人民为中心,重大决策要严格执行公众参与、专家论证、风险评估、合法性审查、集体讨论的法定程序,只做有益于人民的实事、好事。

2018年修订的《中国共产党纪律处分条例》增加了针对"举债""搞劳民伤财的'形象工程''政绩工程'"情形的处理内容,强化了对这一违纪行为的处分力度。一方面,要通过制度刚性管住一把手的权力任性,让权力经受监督和制约;另一方面,要用好政绩考核的指挥棒,引导地方贯彻落实新发展理念,推动构建新发展格局,切实转变发展方式,推动高质量发展,坚持以人民为中心的发展思想,树立正确的政绩观和发展观。

(二)劳民有悖于民心

我们党来自人民,植根于人民,服务于人民,人民群众的拥护和支持是党的胜利之本与力量源泉。党员干部要永远保持对人民的赤子之心,坚持一切为了人民、一切依靠人民,始终为人民的利益和幸福而工作,要用自己的"辛苦指数"换来群众的"幸福指数",不能用人民的"痛苦指数"换来自己的"政绩指数"。

近年来缺乏底蕴的"造节"热劳民伤财,各级党员干部必须引以为戒。桃花节、樱花节、菜花节……不可否认,卖点独特、组织有力的节庆活动对区域发展有巨大的推动作用,能带动交通、旅游、餐饮、住宿等相关产业和周边地区的发展,还能提升地方知名度。但一些地方的"人造节",完全脱离当地的经济情况,或盲目跟风,或生搬硬造。例如,陕西省汉中市的油菜花节期间,曾撂荒良田50多亩,引起了人民群众的极大不满。类似的刻意造节工程,不但浪费国家财产,而且损害社会资源。最终的结果是明星赚钱、政府买单、官员得利、商家叫苦、百姓遭殃，广受百姓诟病。

给"造节"风降温，关键是要党员干部树立正确的政绩观。一些地方之所以热衷于办节庆，是因为办节者可以以节成名，步步高升；相关方也可名利双收，皆大欢喜。这实际上折射出许多党员干部畸形的政绩观，抓发展心存浮躁，轰轰烈烈搞形式主义，劳民伤财而缺乏实际价值。

当然，给"造节"热降温，并不是不让举办节庆活动，而是要切实着重培育节庆底蕴，实现文化和经济效益双丰收。节庆活动要想有长久发展的基础，必须先夯实内涵，挖掘独特的地域特色，才能真正产生良好的经济效益。因此，必须先做好"内功"，将底蕴培育成熟再推出。同时，要搞清楚节庆活动到底"办给谁"的问题，不能只顾短期效益，要真正让民众感觉到"这是我们的节庆"。

"租牛迎检"同样是让群众伤心的典型案例。云南省镇雄县盐源镇把敬天养殖场确定为脱贫攻坚"两比两看"观摩检查点。由于贷款未到位，存栏牛羊数很少，养殖场管理者为了取悦领导，私下向周边养牛户以每天50元租金租来十余头牛。时任盐源镇党委书记和镇长曾先后两次"踩点"检查，但却对经营实情浑然不觉。通过发展养殖带动脱贫的美好初衷，结果却变成了一出彻头彻尾的闹剧。热衷"造势"的背后，还是形式主义、官僚主义的老问题，反映出党员干部扭曲的权力观和政绩观，劳民伤财，也有悖于民心，这样的错误观念必须从头脑中坚决摒弃。

（三）踏实做事不折腾

为官一任，造福一方，不能为了自己的政绩折腾老百姓。

苏荣在担任江西省委书记期间，为追求"全国第一"的"绿色政绩"，强推

"一大四小"工程。他不仅逢会必谈,还要求各市县主要领导挂帅"种树领导小组",从市到县到乡镇,层层签订责任状,要求省林业厅抽调干部组成督导组,深入各地督查指导,制定考核办法,全省排名末三位的"差等生"要写书面检查。一些地方为应付省里的突击检查,大搞一夜成林、一夜成景,使植树变成了不分季节和白天黑夜的"造景"。

在山西,省委原常委、太原市委书记申维辰主政期间,曾更改设计初衷,执意将原本规划为绿地、公园的龙潭片区建为"新地标"、城市综合体,甚至要将新建的大片住宅"推倒重来"。由于占用本为市民公用的公园绿地建设豪宅,加之强拆、补偿不到位等一系列问题,申维辰主持的该工程引发群众强烈不满。

从苏荣到申维辰,很多落马官员都与"政绩工程"密不可分。处置这些"政绩工程"不但消耗大量公共财政资金,而且还苦了人民群众。今天,人们看到兰考泡桐,会想起焦裕禄;到大亮山林场,会想起杨善洲;闻寿光蔬菜,会想起王伯祥。虽然时代变化迅疾,人们却依然没有忘记这些十几年前甚至几十年前的事。正是这些优秀共产党员抓铁有痕、踏石留印的求真务实,给人民群众带来了看得见、摸得着的实惠,这样的政绩也因此印刻在了人民群众的心中。

共和国大厦的奠基,千万无名英雄长眠地下,改革开放的大业,大量默默无闻者一道助力使劲。人民会在心中为他们立碑,青史会为他们留名。踏踏实实做事,认认真真为民,不汲汲于任上就干出惊天政绩,不耿耿于任上就有显赫声名,只问自己在任上为百姓做过什么,为后代留下什么,甘于"自己栽树,让后人乘凉",而"功成不必在我"。党员干部都应当有这样的胸襟气度,这样的思想境界。

民生事业永无止境,需要长时间的不懈努力。不努力不行,但急于求成更不行。要注重建设可持续的民生，切忌"任期制民生"，折腾老百姓搞政绩工程；更要防止"轰轰烈烈"的倾向，造成"寅吃卯粮"、债台高筑，把好事办成坏事。因此，各级党员干部要有"功成不必在我"的理念和境界，不贪一时之功，不图一时之名，多干打基础、利长远的事情。

三、干事创业警惕浮夸之风

习近平在参加十三届全国人大二次会议甘肃代表团审议时强调，行百里者半九十，实现脱贫攻坚目标，越到关键时候越要响鼓重锤。不要搞"大跃进""浮夸风"，不要搞急功近利、虚假政绩的东西。这些问题我们历史上都有深刻教训。对这类问题现在就要敲打，防患未然，防微杜渐。

（一）历史警钟要长鸣

务实求实是我国优秀的文化传统。宋代周敦颐讲："实胜，善也；名胜，耻也。故君子进德修业，孳孳不息，务实胜也。"名实要相符，不能名不副实，更不可有名无实、徒有虚名。对于党员干部来说，无论做什么事，都要坚持实事求是的原则，报实情、说实话，不图虚名、不说假话。

实事求是是我们取得革命胜利的重要法宝。1947 年 5 月，华东野战军在陈毅、粟裕的指挥下，在山东省蒙阴县东南孟良崮地区，歼灭国民党军"王牌中的王牌"、全部美械装备的整编 74 师。经过激烈战斗，我军攻下孟良崮主峰，击毙敌中将师长张灵甫，战斗胜利结束。但是在清点战果时，粟裕发现各纵队上报的击毙、俘房人数加起来只有 2.3 万人，而整编 74 师原本应有三万余人。放过这七千余人，会给我军带来很大的隐患。因此，粟裕马上下令逐个山头搜索残敌。结果在一个大山沟里发现了剩下的七千余人，部队迅速将其一网打尽，给威震全国的孟良崮战役画上了一个圆满的句号。在短短的时间里，统计出来的战果数据如此精确，这是何等不易！有一说一，有二说二，不虚报、不浮夸的好作风巩固了战斗的胜利。试想，如果统计数据不实，甚至为了邀功请赏，多编造一些人头出来，那后果将不堪设想。

当前，多数党员干部干工作都能本着实事求是的原则，但个别党员干部干工作时背离了这个原则。有的数据不是按程序统计出来的，而是拍脑袋润色的，数字随着需要"变"。有的把没有做的说成已经做了，没有做好的说成做好了的，出了事故后案能不报的尽量不报，能缩小的尽量缩小，至于做出了一点成绩，就吹得天花乱坠；还有的为了捞取虚名，或把别人的成绩记到自己的账上，或浮夸虚报，或挖空心思造假。今天，针对脱贫攻坚中暴露的个别党员干部的急功近利和虚假政绩，习近平用历史上的深刻教训来警示当下，深有用意。一些地方出现的"虚假式"脱贫、"算账式"脱贫、"指标式"脱贫、"游走式"脱贫等问题，是"浮夸风"再起的典型征兆，各地必须严格贯彻落实习近平总书记讲话精神，铭记历史教训，弘扬求真务实的优良作风，靠实干真脱贫。

树立正确的政绩观，就是无论做什么事，都要坚持实事求是的原则，报实情、说实话，不图虚名、不说假话。这既是为官的官德问题，也是能否成事的重要因素。

（二）材料政绩贻害无穷

材料政绩折射出个别党员干部扭曲的权力观、错位的政绩观。这不仅是作风问题,更是严肃的政治问题,必须从讲政治的高度审视,把整治这类问题作为当前的重大政治任务,寸步不让、紧抓不放。

相比于实打实的成绩,纸面上的文章,不仅容易做,也容易做得好看;相比之下,"已经做了""已经说了"的"注水"材料,不仅容易应付考核,也容易引起上级领导的注意。在一些地方和部门,党员干部工作中"不抓工作抓材料"还颇有市场。譬如,有的党员干部习惯于把很多时间和精力放在"材料美化"上,过度包装成绩。政策一出台,成效就汇总好了;任务刚布置,成果就整理好了;活动刚准备开展,经验就总结好了……兵马未动、"材料"先行,反映出部分党员干部对工作望其速成、惑于势利的倾向。于是,有的党员干部喜欢把说的当成做的、把计划当成现实、把思路当作成绩……把落实扔到一边,甚至弄虚作假以博得虚名。看似荒诞不经的背后,是精致的利己主义和急功近利的浮躁心态。这种弄虚作假的消极思想、急功近利的浮躁心态,十分值得警惕。

现实中,这些人不愿在"里子"上下功夫,喜欢用浮夸的材料来粉饰工作成绩,这固然与监督、考核机制等不健全有关系,但从深层次来追究,还是源于主观上的错误认识。一些人不愿付出长期而艰苦的努力,对自身本领不足感到恐慌,便妄图以表面光鲜的成果充当无所作为的遮羞布。长此以往,不仅会给工作注水、损害群众利益,也容易造成"劣币驱逐良币"效应,伤害踏实干事者的积极性。群众的眼睛是雪亮的,即便通过"注水"、造假等手段,成为"典型"、变身为"先进",那也只不过是"假典型""假先进",不能给地方发展、民生福祉带来任何增益。

早在1983年底,刚刚担任正定县委书记不久的习近平提议出台了《中共正定县委关于改进领导作风的几项规定》,提出要"反对官僚作风,注重工作实效"。随后,在县委工作会议上,他又明确提出,"一定要树立求实精神,抓实事,求实效,真刀真枪干一场"。①时至今日,这种"注重工作实效""真刀真枪干一场"的实干精神,依然是我们必不可少的"法宝"。"空谈误国,实干兴邦。"党的十八大以来,习近平多次在不同场合强调"奋斗创造历史,实干成就未来",激励中华儿女以实干笃定前行,风雨无阻向着实现中华民族伟大复兴的光辉目标进发。干部就要干事,把精力用在谋发展上,把心思用在求实效上。杜绝"材料政绩"现象,我们才能更好地在新时代展现新作为。

(三)行动派赢得未来

脚踏实地、求真务实的精神是中国人民应有的气质和禀赋。中国共产党人从来不求清誉、不尚清谈,当历史的接力棒传到我们这一代人手上、当新的征程徐徐展开,必须杜绝包括一切浮夸自大的争面子行动,要一步一个脚印,踏石留印,爬坡过坎,实现中华民族的伟大复兴。

最好的"包装",永远都是实绩。为官一任,切不可只喊口号没有行动。王伯祥以富民强县为己任,把蔬菜产业做成金字招牌,被赞誉为新时期县委书记的榜样;姜仕坤在贵州省晴隆县 6 年行程 60 万千米,照亮当地 32 万群众脱贫致富的前路,被大家亲切地称为"农民书记"。他们在任上不求显绩、专注实绩,以挽起裤腿干工作、扑下身子抓落实的精神状态,尽一切可能改进工作、为老百姓谋福祉。这样的干部写就的"文章",即便没有任何雕琢、修饰,也能被群众记在心里。

不干,半点马克思主义都没有;不落实,千条万条都是白条。"牡丹花好空入目,枣花虽小结成实。"实干出政绩,这不仅是谋事创业的必然准则,也

---

① 本书编写组:《让群众过上好日子——习近平正定足迹》,人民出版社,2022 年,第 41 页。

是共产党人一以贯之的优良品格。1992年，在深圳国贸大厦53层，邓小平指着窗外鳞次栉比的繁荣景象，感慨道，深圳发展这么快，是靠实干干出来的，不是靠讲话讲出来的，不是靠写文章写出来的。我们共产党人干事创业，鼓励争"彩头"、出政绩，但应该争利民生的"彩头"、出实打实的政绩，而不是采华名、造虚绩。

新时代是奋斗者的时代，唯有"干"，才能使梦想成真。而这个"干"是苦干精神与实干作风的高度统一。习近平反复强调，要脚踏实地、真抓实干，敢于担当责任，勇于直面矛盾，善于解决问题，努力创造经得起实践、人民、历史检验的实绩。作为党员干部，只有始终保持艰苦奋斗、攻坚克难的苦干精神，秉持脚踏实地、不务空名的实干作风，做实做细做好各项工作，未来的蓝图和梦想才能变成现实。否则，再漂亮的口号也是空中楼阁，再宏伟的蓝图也难以落地生根。

在实际工作中，要高度警惕和重点防范不愿苦干实干的倾向。有的党员干部不愿苦干，不愿到边远艰苦地区受磨炼，只愿在大城市过"小日子"；工作中遇见困难绕着走、碰到问题躲着走，就是不愿较真碰硬、攻坚克难。有的不愿实干，总想着如何挂名出功，干工作急功近利，不愿下力气做打基础、利长远的工作；不推不动，工作抓抓停停；蓝图画得好、汇报讲得好，就是不落地、不出活、没收成。

苦干实干才能梦想成真，苦干实干才能赢得未来。钱七虎引领防护工程科技创新，为我国铸就固若金汤的"地下钢铁长城"，一干就是一个甲子；林俊德一生敢闯、敢干、敢担当，在大漠戈壁奋战五十余个春秋，用生命的光和热，为共和国创造出"太阳"和"惊雷"……不图虚名、不兴伪事，靠着苦干实干，他们不仅在爱岗奉献中实现了自己的人生价值，更赢得了群众的信赖和口碑。

伟大梦想不是等得来、喊得来的，而是拼出来、干出来的。改革发展的每一次跃升、每一项成就，无不来自真抓实干、攻坚克难。"十四五"规划即将收官，无论是推动经济发展，进一步释放改革效能，还是实现社会进步和生态效益，都呼唤我们党创业之初那种"逢山开路、遇水架桥"的闯劲，那种只争朝夕、苦干实干的拼劲。

当然，苦干有作为、实干出成绩，需要我们铆定正确的目标和路径。对于党员干部来说，实干最终要落实在岗位主责主业上，与岗位无关的事抓得再多也是空的、虚的。抓工作搞建设要出以公心、永葆匠心，真正把实功夫苦功夫下深下足，不为名而失志、不为利而乱意，"不能寄希望于一下子抱个'金娃娃'"。尤其不能脱离实际、远离基层，陷入形式主义、官僚主义难以自拔。

"一语不能践，万卷徒空虚。"梦想不会自动变为现实，初心只能用行动去践行。广大党员干部要把坚定初心和担当使命，落实到埋头苦干、真抓实干中，拿出魄力、勇于担当、走在前列。只有拿出苦干实干的态度，保持苦干实干的奋斗姿态和越是艰险越向前的斗争精神，少说多干、紧抓快干，我们才能离中华民族伟大复兴的雄伟目标越来越近。

四、不慕虚荣、不务虚功、不图虚名

"各级领导干部要树立正确的权力观、政绩观、事业观，不慕虚荣，不务虚功，不图虚名，切实做到为官一任、造福一方。"这段话出自 2020 年 5 月 22 日习近平在参加十三届全国人大三次会议内蒙古代表团审议时发表的重要讲话。习近平强调，树立和践行正确政绩观，起决定性作用的是党性。只有党性坚强、摒弃私心杂念，才能保证政绩观不出偏差。

空谈误国、实干兴邦,"社会主义是干出来的"道出了干事创业的真谛。在学习贯彻习近平新时代中国特色社会主义思想主题教育工作会议上,习近平指出"我们党百年奋斗的伟大成就都是党团结带领全国各族人民拼出来、干出来的,要把党的二十大描绘的宏伟蓝图变成现实,仍然要靠拼、要靠干",要求"树立正确的权力观、政绩观、事业观,增强责任感和使命感,不断提高推动高质量发展本领、服务群众本领、防范化解风险本领"。①肩负新使命、奋进新征程,广大党员干部要学思想、见行动,紧紧围绕新时代新征程党的中心任务,真抓实干、务求实效,聚焦问题、知难而进,努力创造经得起历史和人民检验的实绩。

中国共产党人必须都是实干家,只有不慕虚荣、不务虚功、不图虚名,才能做到为官一任、造福一方。坚信"干部干部,就是要先干一步"的姜仕坤,磨穿了鞋底、跑白了头发,换来老百姓的幸福生活;放弃大城市高薪工作的黄文秀,扎根乡土、奉献家乡,带领乡亲们脱贫致富;常说"能在现场就不在会场"的廖俊波,没有惊天动地的壮举、没有气壮山河的豪言,关心的都是一件件具体的民生实事……新时代以来,无数党员干部坚持"实"字当头、"干"字为先,不为名所缚、不为物所累、不为利所驱,清正廉洁、一心为民,在不懈奋斗中创造了光辉业绩。实践证明,只有在崇实、务实、求实、做实上下功夫,才能守好初心、担好使命。

但凡想有所作为的领导干部,都有"为官一任,造福一方"的追求。靠什么实现?贪图安逸、不想艰辛是创不出佳绩的,心浮气躁、急功近利是干不出实绩的,弄虚作假、投机取巧是搞不出真绩的。求真务实、真抓实干,既需要正确的世界观,也需要科学的方法论。习近平多次谆谆告诫:"要坚持实事求

<hr>

① 《在学习贯彻习近平新时代中国特色社会主义思想主题教育工作会议上的讲话》,《求是》,2023 年第 9 期。

是、求真务实，从实际出发谋划事业和工作，使提出的点子、政策、方案符合实际情况、符合客观规律、符合科学精神""绝不能脱离实际硬干，更不能为了出政绩不顾条件什么都想干""为官一方，为政一时，当然要大胆开展工作、锐意进取，同时也要保持工作的稳定性和连续性"。①面对新形势新任务，党员干部必须拿出真抓的实劲、敢抓的狠劲、善抓的巧劲、常抓的韧劲，坚决杜绝口号式、表态式、包装式落实的做法，把真实情况掌握得更多一些、把客观规律认识得更透一些，办一项是一项、办一件成一件。

业绩都是干出来的，真干才能真出业绩、出真业绩。今天，面对各种艰难险阻甚至惊涛骇浪，唯有始终保持锐意进取、敢为人先、迎难而上的奋斗姿态，积极担当作为、敢于善于斗争，才能胜利推进强国建设、民族复兴的历史伟业。无论是建设现代化产业体系，还是全面推进乡村振兴；无论是加快实施创新驱动发展战略，还是积极稳妥推进碳达峰碳中和，实现每一项目标任务，都需要付出百倍努力，来不得半点虚功、容不得丝毫马虎，更不能耍花拳绣腿、做表面文章。要保持"时时放心不下"的责任感，增强只争朝夕的紧迫感，提振锐意进取、担当有为的精气神，务实功、出实招、求实效，扎扎实实、踏踏实实地搞现代化建设。

"为者常成，行者常至，历史不会辜负实干者。"从习近平新时代中国特色社会主义思想中汲取奋发进取的智慧和力量，牢固树立和践行正确政绩观，以愚公移山的志气、滴水穿石的毅力真抓实干，不驰于空想，不骛于虚声，广大党员干部定能在新征程上拼出一片新天地、干成一番新事业。由此创造的政绩，人民不会忘记，历史必将铭记。

---

① 《习近平谈治国理政》(第一卷)，外文出版社，2018年，第399页。

第六章
基层干部担当作为：保持积极进取

办好中国的事情，关键在党，关键在党员干部。习近平 2020 年秋季学期在中央党校（国家行政学院）中青年干部培训班开班式上发表重要讲话强调："干部特别是年轻干部要提高政治能力、调查研究能力、科学决策能力、改革攻坚能力、应急处突能力、群众工作能力、抓落实能力，勇于直面问题，想干事、能干事、干成事，不断解决问题、破解难题。"[①]好干部既要靠组织培养，也要靠自己成长。不忘初心、牢记使命、积极进取是党员干部必须具备的基本素养，"想干事、能干事、干成事"是广大党员干部的行动指南和人生追求。

一、党员干部要主动走出舒适区

舒适区指的是一个人所表现的心理状态和习惯性的行为模式，是指人

---

① 《习近平在中央党校（国家行政学院）中青年干部培训班开班式上发表重要讲话强调 年轻干部要提高解决问题能力 想干事能干事干成事》，《人民日报》，2020 年 10 月 11 日。

所处的一种放松、稳定、安逸的状态，打破这种状态会感到紧张、有压力。对党员干部而言，舒适区便是煮青蛙的那锅"温水"，待久了，面对困难时就一定会退缩。云南省昭通市绥江县曾通报过一起违反组织纪律的典型案例，两名党员干部因拒绝组织提拔而被严肃处理。其中一人的理由是到新岗位工作可能照顾不好家庭，另一位则是称自己的身体难以应对新的工作岗位要求。二人给出的理由不尽相同，但归结起来还是害怕走出自己的"舒适区"。党员干部不能贪图安逸，做温水中的青蛙，要主动走出"舒适区"，直面风险与挑战。

（一）善学善思，常怀进取之心

党的十九大报告中首次强调干部队伍建设要"高素质""专业化"；党的十九大后的第一次中共中央政治局集体学习时，习近平提出"领导干部不仅要有担当的宽肩膀，还得有成事的真本领"。不甘平庸，常怀进取之心，就是要使自己成为高素质、专业化、有本领的新时代建设人才。

一些党员干部不愿走出"舒适区"是源于"本领恐慌"，没有金刚钻，揽不了瓷器活儿。1939年，毛泽东在延安在职干部教育动员大会上指出，"我们队伍里边有一种恐慌，不是经济恐慌，也不是政治恐慌，而是本领恐慌"①。他把本领问题比喻成"开铺子"，如果存货不多，一卖就空空如也，再开就一定要进货了。今天，我们比历史上任何时期都更接近、更有信心和能力实现中华民族伟大复兴的目标。然而与新时代党和国家事业发展的要求相比，选配事业发展急需的党员干部是亟须解决的问题。党的十九大报告指出：要深刻认识党面临的精神懈怠危险、能力不足危险、脱离群众危险、消极腐败危险的

---

① 《毛泽东文集》（第二卷），人民出版社，1993年，第178页。

尖锐性和严峻性。干部能力不足已不能适应新时代中国特色社会主义发展的要求，因此解决能力不足、本领不够的问题，就成为干部队伍建设的当务之急。

克服"本领恐慌"，提升能力素质，没有捷径，只能通过不断的学习实践。任何一个有成就的人都是好学善学之人。习近平早就指出："领导干部要做到'勤奋好学、学以致用'，就必须具有'望尽天涯路'那种志存高远的追求，耐得住'昨夜西风凋碧树'的清冷和寂寞，静下心来通读苦读；就必须勤奋努力，刻苦钻研，舍得付出，百折不挠，下真功夫、苦功夫、细功夫，即使是'衣带渐宽'也'终不悔'，'人憔悴'也心甘情愿；就必须学有所悟，用有所得，在学习和实践中领悟真谛。从而，以领导干部自身善学善思、善作善成的表率作用，扎实推动学习型政党的建设。"①

善学善思，首先要加强理论学习。学习是成长的加速剂，只有认知越多，才能找到学识与能力上的弱项、短板和盲区，进而更深入地学习思考，把理论知识变为智慧和能量。其次还要向伟大的社会实践学习。党员干部不能故步自封，只有向伟大的社会实践学习，才能看到新变化，发现新事物，学习新方法，才会跟得上时代的变化，提升个人的能力素质。

每一名党员干部都要善学善思，常怀进取之心。在真学真信中坚定理想信念，在学思践悟中弥补知识弱项、能力短板、经验盲区，克服"本领恐慌"，成为"想干事、能干事、干成事，不断解决问题解难题"的好干部。

（二）求真务实，常念民间疾苦

一名合格的党员干部要常念民间疾苦，真正为群众办好事、办实事、解难事。现在，一些党员干部喜欢待在办公室研究文件，不愿意脚踩泥土走到

---

① 习近平：《善学善思 善作善成》，《求是》，2007年第9期。

田间地头,走进老百姓的生活,对百姓的真实情况、实际问题知之甚少,却终日在舒适区中"闭门造车"。工作看似忙忙碌碌,"5+2""白+黑",其实只是人浮于事,对工作提不起劲来,貌似舒服地在工作,却变得越来越颓废。群众和被服务对象对这些干部的动作自然"不买账",满意度不高。

一个好的政策能不能真正做到惠及民生,说到底在于每一名党员干部是否履职尽责,让政策发挥应有的作用。在我们国家发展的关键时期,党和人民需要的是"想干事、能干事、干成事,不断解决问题、破解难题"的党员干部、领头人。一名党员在志愿加入中国共产党的那一刻起,就应将人民放在至高无上的位置,常念民间疾苦,想群众之所想、急群众之所急、解群众之所困。

2016年12月,习近平在中央财经委员会第十四次会议上的讲话中指出:"保持经济增长速度、推动经济发展,根本还是要不断解决好人民群众普遍关心的突出问题。"①从解决好人民群众普遍关心的突出问题出发推进全面小康社会建设,符合推进供给侧结构性改革的要求,有利于创造新的增长点、提高长期增长潜力,而新的增长点就蕴含在解决好人民群众普遍关心的突出问题当中。基层是距离人民群众最近的地方,也是各种问题和矛盾最为复杂、尖锐的地方,只有多到基层去、多到群众中去,才能听到不同的声音,了解真实的情况,才能从中发现问题、找准症结、有的放矢。党员干部要主动走出舒适区,多走进基层,多深入群众,切实为人民群众排忧解难,在基层的广阔天地建功立业,用实际行动书写自己的别样人生。

"从山里走出去的人很多,总是要有人回来的。而我就是那个回来的人。"这是全国优秀共产党员黄文秀的诺言,她把自己年轻的一生献给了党的扶贫事业。

2016年,黄文秀从北京师范大学毕业后,选择报考广西壮族自治区定向选调生,成为百色市委宣传部干部。当家人以为她会安心于朝九晚五的机关

① 范鹏主编:《统筹推进"五位一体"总体布局》,人民出版社,2017年,第22页。

工作时,她却主动要求下基层,来到田阳县那满镇挂职锻炼,终日上山下乡。挂职期满,当家人再次认为她终于可以安定下来时,2018 年 3 月,黄文秀响应组织号召主动到边远的百色市乐业县新化镇百坭村担任驻村第一书记。很多人不理解这个好不容易从农村走出去的壮族姑娘,何苦还要回到山区,到贫困村折腾那些"苦差事"。原因很简单,她了解贫困地区人民生活之苦,她要凭自己的力量给人民的生活带来些许的改变。她说:"我来自广西贫困山区,我要回去,把希望带给更多父老乡亲,为改变家乡贫穷落后面貌尽绵薄之力。"

黄文秀生前接受媒体采访时,穿着灰领的衬衣,扎着马尾,自信地说道:"我们百色是脱贫攻坚的一个主战场,作为青年一代,我们责无旁贷,同时作为驻村第一书记,我有信心在党中央正确领导下,不获全胜,决不收兵。"[①]正是带着这样的理想信念,她收起了漂亮的裙子,戴上草帽,换上运动鞋,走村入户了解群众生活。在她的努力下,百坭村 88 户贫困户甩掉了贫困帽子,硬化 1.5 千米屯内道路,新建 4 个蓄水池,村集体经济收入实现 6.38 万元。百坭村还被评为 2018 年度百色市"乡风文明"红旗村。

黄文秀就是这样主动作为,扎根基层,积极深入群众,真正为人民群众排忧解难,用实际行动书写了自己的别样人生。这才是党员干部应该有的样子!

(三)直面困难,常思职责和使命

面对经济体制深刻变革、社会结构深刻变动、利益格局深刻调整、思想观念深刻变化的新形势,党员干部要直面挑战,常思职责和使命,走出舒适区,用"我将无我,不负人民"的崇高境界,守牢"为人民服务"的本心,用知与

---

① 《牺牲时年仅 30 岁,驻扎在这里的她曾说:"不获全胜、决不收兵"》,《光明网》,2021 年 7 月 22 日。

行践行党员的诺言。四川省北川县原副县长兰辉和被授予"人民英雄"国家荣誉称号的陈薇院士为党员干部树立了光辉的榜样。

兰辉,四川省北川县原副县长。2013年5月23日下午,带病下乡工作的兰辉意外坠崖离世,年仅48岁。汶川特大地震后的北川县城百废待兴,重建任务繁重,不分日夜连轴转成为灾区干部的工作常态。2009年,兰辉任北川县副县长,接手交通、安全生产等工作。这是个少有干部愿意接手的工作。震后的北川,地形复杂、次生灾害频发,安全生产、道路交通是烫手活,任务重、压力大、危险性高。交通重建点多、面广,安全生产一年365天不能有丝毫懈怠,一不小心就会担责。但是困难面前兰辉没有推诿,他认为党员干部就是干事的,而不是求官求财的。兰辉用玩命的态度对待工作,担任副县长三年多时间,他工作日程中2/3的时间在下工地、跑项目、排隐患,驱车二十四万多千米,相当于绕地球赤道转了6圈。在他的带领下,北川的基础建设成果显著。全县通车里程达到一千八百多千米,所有乡镇都建起了标准的农村客运站。几年来,北川完成省、市挂牌隐患整治任务11项,县级隐患整治45项,全县未发生1例较大生产安全事故。

2020年,突如其来的新冠肺炎疫情将陈薇带到了人们面前。这位被称为"中国离病毒最近"的女人,面对急事难事从不推诿退缩,永远战斗在抗击疫情的一线:2003年与"非典"病毒零距离接触,进行病毒体外细胞试验;2014年驻扎非洲,成功研发全球首个进入临床试验的埃博拉疫苗;2020年冲进新冠肺炎疫苗研究前线,发布全球首个疫苗人体实验数据。在她的工作中没有舒适区,哪里有疫情,哪里就有她的身影,守护人民的生命健康是她最大的追求,她用柔弱的双肩担起了共产党人的职责和使命。

党员干部就应主动走出舒适区,常思人民群众的安危冷暖、急难愁盼,以敢为人先的精气神、披荆斩棘的攻坚力、善作善成的真本领践行责任使命。

二、各级新官要担当作为理旧账

无论是地方政府,还是企事业单位,领导岗位的新旧交替,对于推动各项事业发展具有重要意义。然而在这一过程中,经常会出现"新官不理旧账"的现象。2018年,中央纪委办公厅发布《关于贯彻落实习近平总书记重要指示精神　集中整治形式主义、官僚主义的工作意见》,吹响了集中整治形式主义、官僚主义的号角。自2017年起,李克强连续3年在政府工作报告中强调,政府要信守承诺,不得随意改变约定,决不能新官不理旧账。

(一)探"新官不理旧账"之源

"新官不理旧账"是现实中的顽疾,导致的结果就是群众利益、公共利益受损。探究这种现象产生的根源,主要是一些党员干部的执政理念落后,被利益裹挟,缺少契约精神。

"新官不理旧账"源于执政理念落后,归根结底是少数领导干部政绩观和权力观的准则出现了偏差。少数新上任官员被"唯上、唯权、唯官"等思想左右,觉得理"旧账"麻烦且风险大,做得好是上届领导的功劳,做得不好显得自己无能,接过权力指挥棒后,以前的痕迹一定要抹去,以前的旧账与我无关,因此热衷于搞"新官上任三把火",热衷于短期即可见效的"工程",凸显自己的理念、政绩,为仕途发展铺平道路。少数领导干部的为民情怀随着个人地位的不断攀升反倒逐渐淡化,想百姓之需的时间少了,亲百姓之心淡了,即便下基层,也是点卯作秀,即使"旧账"关乎百姓的切实利益,也视而不见。党员干部必须有"执政为民"的正确理念，不仅要接过权力，也要接下问题，以不怕难、不怕乱的态度去迎接任务、解决问题。

"新官不理旧账"源于冲不破利益的落篱。秦岭违建别墅严重破坏生态，习近平对此问题先后6次作出重要批示，违建别墅才得以拆除。为什么一个看似并不复杂的问题，竟要一推再推才能解决？重要的原因就是难以冲破利益藩篱。秦岭违建别墅问题在新任西安市长就任前就存在，这旧账涉及项目审批、资金使用、征地拆迁、劳动用工等多方面的问题，若掺杂政商勾结、利益输送，就愈加复杂，甚至会触及某些高级别官员的利益。尽管对前任官员已有处理，但新官初来乍到，面对眼前的旧账会顾虑重重，恐引火烧身而不敢作为。

"新官不理旧账"源于契约精神的缺失。有些党员干部"官本位"思想根深蒂固，契约观念缺失，认为权力在手，便可跳出信用边界，全然不顾失信违约带来的法律后果。新任官员时常以领导换届、干部调动为借口，将前任官员对企业的某些政策许诺推迟兑现、打折兑现甚至拒绝兑现。2013年7月31日，李克强提出，要利用特许经营、投资补助、政府购买服务等方式吸引民间资本参与经营性项目建设与运营。作为新一轮城镇化建设中的重大改革举措，这被认为是PPP模式开启的信号。PPP（Public-Private-Partnership）模式，即政府和社会资本合作共同提供基础设施及公共服务。然而PPP项目落地达不到预期，很大一部分原因在于投资者认为PPP最大的风险来自政府缺乏契约精神、"新官不理旧账"。由于PPP生命周期往往跨越几个行政间期，因地方一把手换届导致的项目失败案例是不换届时的两倍。党员干部缺乏爽约精神，已经严重影响到了改革开放的发展进程。十三届全国人大一次会议闭幕后，李克强与中外记者见面时，再次就"地方政府不作为乱作为"的问题发出警告，强调："有些地方政府的某些行为不好，新官不理旧账，换了一个官，过去的合同就不算了，政贵有恒，你不能把合同当废纸，对此我们是坚决制止的，而且要予以处罚。"①只有秉承契约精神，才能营造良好的改革开放环境，不因人事调整变动而松劲，不因干部新旧交替而拖延，不因问题纷繁复杂而罢休，持续推进改革开放的深入发展。

（二）思"新官不理旧账"之危

"新官不理旧账"会严重危害政府的公信力。地方政策大多具有延续性和稳定性。倘若"新官不理旧账"，那"旧账"就会拖成呆账、坏账、烂账、死账，短期看会影响地方经济社会的一时发展，长期则会为政府的权威与公信力埋下隐患。目前，在我国现实的治理环境中，一些已开工的工程项目因领导的更替被迫搁置，一些政府推进的惠民工程因领导变化而不了了之。关乎城市经济发展建设的重大决策、长远规划，应该有始有终，"一张蓝图绘到底"，否则，这种失信行为会降低政府公信力，导致大量行政资源被浪费，阻碍地方发展。同时我们还必须认识到，与人民切身利益相关的重大政策，不能朝令夕改，更不能因为领导干部的更替而一笔勾销。随着我国经济社会的不断发展，群众的维权意识不断增强，政务失信不仅会影响个人命运还会损害政府公信力，动摇党的执政基础。

"新官不理旧账"会助长错误的政绩观。"新官"上任，对前任留下的"旧账"，总怀着一种前任干得好，继续干是前任的政绩；前任干得不好，自己解决不了，则显得自己没能力的心态。因此"新官"上任往往喜欢烧"三把火"，想借此展示个人能力，对前任官员的正确决策视而不见，甚至全盘否定；对前任官员遗留的问题和矛盾不管不理，避而不谈，一推了之。"新官不理旧

---

① 李克强总理出席记者会并回答中外记者提问，https://news.cctv.com/。

账"会助长错误的政绩观,这些党员干部想的不是推动单位建设的长远发展、事业的接续进行,而是个人的官运前途。私利想得多了,公义想得就少了;个人想得多了,人民就想得少了。这样的"新官"干事业"利"字当头,轻轻松松树立政绩的事情干,劳心劳力不讨好的事情不干;领导看得见的事情积极干,百姓看得见的事情有选择地干;任期内见效益的事情积极推动,任期内接续出成绩的事情消极怠工。他们忘了账目有新旧之分,而责任却无区别。在其位,就要谋其政、履其职、负其责。接任新职,不仅要接替下职务、权力,更要接下职责、承诺,坚持"政贵有恒",摒弃政绩冲动,确保地方发展一张蓝图绘到底、绘出彩。

"新官不理旧账"还会危害司法公正性。一方面,部分基层政府拒不执行法院判决,不仅损害了胜诉方当事人的合法权益,也伤害了法律的尊严,容易深化社会矛盾。另一方面,政府官员多认为历史旧账与自己无关,拒不履行责任。对一些冤假错案,很多"新官"对前任经手的案件不会主动重审,更不会主动翻案,高高挂起,不予理睬,生怕给自己招惹麻烦。这致使本该及时纠正的案件久拖不决,当事人申告无门,严重危害司法的威信。

(三)从"新官理旧账"看担当

在"不忘初心、牢记使命"主题教育工作会议上,习近平深刻指出,要牢记我们党肩负的实现中华民族伟大复兴的历史使命,勇于担当负责,积极主动作为,保持斗争精神,敢于直面风险挑战。能否敢于负责、勇于担当,最能看出一个干部的党性和作风。党员干部是否担当负责,不仅是个人的态度或能力问题,而且是事关党的性质、事业,事关党员干部党性修养、作风形象的政治问题。

敢于负责、勇于担当是中国共产党的政治特质。"坚持原则、敢于担当是党的干部必须具备的基本素质。'为官避事平生耻。'担当大小，体现着干部的胸怀、勇气、格调，有多大担当才能干多大事业。"①为官一任就应推动一方的进步发展，就要有放下个人得失计较、关怀百姓福祉的无私担当。权力的行使与责任的担当紧密相连，有权必有责。看一个党员干部，最重要的是看他有没有责任感，有没有担当精神。"有权必有责，有责必担当。"把前任的遗留问题或者上届未完成的事，当作自己或者本届政府的工作来完成，才是一个领导干部该有的姿态和担当。对于上任的"新官"来说，更应如此，只有这样，才能赢得民心，获得群众认可。

山西省右玉县20任领导班子六十多年来，持续率领干部群众坚持不懈地植树造林，近两千平方千米的"不毛之地"奇迹般地变成了绿色海洋，林木覆盖率达到54%。2003年以来，浙江省委、省政府持之以恒抓数字经济发展，从"智慧城市"到"城市数据大脑"，从"云端产业"到"最多跑一次"，从建立"三大信息数据库"到开放政务数据，群众获得感持续提升。

现如今，我们面对深化改革、实现中华民族伟大复兴的中国梦的历史使命，更需要发扬"苟利国家生死以，岂因祸福避趋之"的担当精神，只有秉持这样的公心，才能在沧海横流中尽显公仆本色。

三、党员干部要敢闯敢拼谋进取

新时代，意味着新起点、新形势、新挑战。党员干部需要充分发挥敢闯敢

---

① 《习近平关于全面从严治党论述摘编》，中央文献出版社，2016年，第123页。

拼谋进取的精神,在困难、矛盾之处勇于逢山开路、遇水架桥,在大是大非面前敢于较真碰硬,攻坚克难,积极推动工作落实。

(一)党员干部要永葆"闯"的精神

永葆"闯"的精神,就是要大胆想。中国共产党百年的历史和实践告诉我们,道路从来都是崎岖不平的,面对困境,唯有大胆想,不唯上、不唯书,只唯实,才能给中国革命找到正确的道路。面对共产国际对中国革命脱离实际的指挥,为了避免革命再次遭遇大的损失,以毛泽东同志为代表的中国共产党人,敢于突破思维定式,大胆坚持将马克思列宁主义与中国实际相结合,放弃"攻打大城市",提出"农村包围城市"的路线,摆脱了本本主义的桎梏,将中国革命带上了正确道路,带领中国人民赢得了民族的独立,建立了中华人民共和国。之后,在反思"十年动乱"给中国发展建设带来的危害、给人们生活带来的痛苦之时,邓小平等共产党人敢于破除旧有固化思想在全国范围内开展"真理标准问题大讨论",解放思想,实事求是,为改革开放打下了坚实的思想基础。

永葆"闯"的精神,就是要敢于试。越是伟大的事业,往往越是充满艰难险阻,越是需要敢于尝试。邓小平曾指出:"改革开放胆子要大一些,敢于试验,不能像小脚女人一样。看准了的,就大胆地试,大胆地闯。深圳的重要经验就是敢闯。没有一点闯的精神,没有一点'冒'的精神,没有一股气呀、劲呀,就走不出一条好路,走不出一条新路,就干不出新的事业。"[①] 2014 年 8 月 20 日,习近平在纪念邓小平同志诞生 110 周年座谈会上的讲话中也讲道,要"把开

---

① 《邓小平文选》(第三卷),人民出版社,1993 年,第 372 页。

拓创新作为一种常态,不断用发展着的马克思主义指导新的实践,又从实践中作出新的理论概括,敢破敢立、敢闯敢试,义无反顾把改革开放不断向前推进"[1]。共产党员要大胆探索、敢于创新、敢破敢立、敢闯敢试。

永葆"闯"的精神,就是要不怕错。敢闯敢试,是党员干部的职责所系。敢闯敢试,既是事业心、责任感的具体体现,也是政绩观、精气神的具体表现。在全面深化改革进入攻坚期和深水区的情况下, 党员干部干事情会遇到各种困难和挑战。面对新问题,解决办法有时也很难做到精准无误。比如,破除固有利益藩篱的过程定会涉及一些人的利益,干事者一旦不小心犯了错,就可能会遭到别有用心的人的批评和打压。在这种情况,我们更要鼓励和弘扬敢闯敢试的精神。

(二)党员干部要永葆"拼"的劲头

新时代需要奋进者、实干家,新征程需要创新者、开拓者。但是一些党员干部在工作遇到困难时,不是积极寻求解决问题的办法,而是放任自己从"拖延症"变成"懒癌"晚期。党员干部要坚决抵制这种思想,越是困难阻力大,越要保持"拼"的劲头。

永葆"拼"的劲头就要不怕担责。习近平曾指出,看一个领导干部,很重要的是看有没有责任感,有没有担当精神。担责任是对党员干部最基本的要求。党员干部既要负责,又要担责,否则,就不称其为党员干部。在新时代,党员干部要蹚地雷阵、涉深水区、啃硬骨头,在拼搏中担当,在担当中奋进,在奋进中成长,在成长中建功立业。罗阳,歼-15舰载机研制现场总指挥。2002

---

① 《习近平在纪念邓小平同志诞辰 110 周年座谈会上的讲话》,《人民日报》,2014 年 8 月 21 日。

年，我国自行研制的第一台具有完全自主知识产权的航空发动机通过国家定型鉴定。但要配装飞机还存在一定风险，使用进口发动机承受的风险和压力会小很多。在争执不下时，罗阳坚决主张飞机配装国产发动机，最终结束了我国不能自主研制航空发动机的历史。罗阳的选择需要何等的魄力和勇气，如果不是站在整个国家和民族的高度，就难以作出这样的抉择，这就是党员干部的"拼"劲。

永葆"拼"的劲头就要不怕担险。这里的"险"，一是指风险，一是指危险。新形势下，党员干部在工作中势必会遇到些高风险的问题，如果这些问题不能很好地解决，就可能造成严重的后果。一些党员干部逃避问题，拖延问题，严重影响了党在群众中的形象。党员干部必须摆正心态，认识到风险与机遇并存，冷静理性地分析问题、解决问题，不找借口推诿责任。在解决问题的过程中，要多听取群众的意见和建议，从而争取作出最为合理的决策。"险"除了风险之外，还包括危险。面对危险，党员干部更要发扬拼的精神，叫响"危险面前向我看齐"。在大灾大难面前，无数党员干部就是这么做的。从 1998 年抗洪抢险、2003 年抗击"非典"、2008 年抗击冰雪灾害和汶川抗震救灾、2013 年芦山抗震救灾到 2014 年鲁甸抗震救灾，我们看到广大共产党员都是站在抗震救灾的第一线。2020 年，新冠肺炎疫情发生后，处在疫情中心地带的中部战区总医院，立即抽调两千余名精锐医护人员组成"党员突击队"，全力投入疫情防控阻击战。在灾难和困难面前，他们自觉弘扬革命英雄主义精神，扛起如山一样的使命，为人民群众筑起一道守护生命和健康的铁壁铜墙。

刚回到老家休假的中部战区总医院重症医学科主任邬明，正与家人享受难得的团圆时，一阵急促的电话铃声响起。医院卫勤部部长何君急切的声音从电话里传来："请你带队支援武汉市肺科医院，紧急扩建 ICU。""我是共产党员、人民军医。责任，让我毫不犹豫赶赴抗疫战场。"邬明马上购买火车票准备奔赴武汉。1月21日晚，邬明带领40名医护人员出征。第一时间赶赴一线的，不只是邬明。护士长陈燕收到命令后，从报名到准备好出行被装，只用了15分钟；感染科护士王艳推迟了婚期，穿上防护服返回岗位；休假在家的医护人员舒纯、王欢辗转两千多千米返岗；还在哺乳期的护士卞迪和王欢欢，把孩子托付给家人后直奔一线……①"危险面前我先上"是党性鲜亮的标志。中国共产党的根本宗旨是全心全意为人民服务。无论征途上遇到什么样的"险"，党员都应当将拼的劲头用到底，时时事事维护好人民群众的利益，当好人民的忠勇卫士，筑就捍卫人民利益的钢铁长城！

（三）党员干部要发扬"干"的作风

党员干部在开展工作时，真抓实干是必须坚守的工作作风。对工作作风，习近平强调，要发挥考核指挥棒作用，把求真务实的导向立起来，把真抓实干的规矩严起来，让真干假干不一样、干多干少不一样、干好干坏不一样。发扬真抓实干的工作作风是我们党思想路线的本质要求，是做好一切工作的根本途径，是党的事业成败的关键所在。党员干部对待工作要敢干。改革开放四十多年来，中国发生了翻天覆地的变化，没有敢干的勇气与担当，是不可能有现在的美好生活的。新时代新作为，党员干部要把使命放在心里，把责任扛在肩头，敢于突破创新、攻坚克难。只要有利于发展、有利于群众利益的，就要放开手脚，大胆去干，做到真正为人民谋福利。

"直播带货是时代给的大潮，我只不过勇敢地跳了下去。"湖南省安化县

---

① 金歆：《筑起牢不可破的安全屏障——记中部战区总医院战疫党员突击队》，《人民日报》，2020年9月23日。

原常委、副县长陈灿平在接受记者采访时这么说。作为勇于尝鲜的县长，陈灿平也正经历了一次改名的风波。陈灿平的平台账号叫"陈县长说安化"，后来改为"陈说"。但没想到这却让他的粉丝群里炸开了锅。"你的县长身份为什么不强调？""你在害怕什么？""赶紧改回来！"不得已，他只能申请改回原名。但这次"风波"也让他看到，群众是真心支持认真为群众做事的领导干部。每晚8点开播，每次直播3小时以上，结束后，继续工作到深夜两三点。直播带货3个月后，陈灿平瘦了12斤。面对压力、面对非议，他也没有退缩，"我是唯一坚持带货3个月的县长，我直播一下午就能让一家贫困户脱贫，那我为什么不把这项工作坚持实地地做下去呢？"这就是共产党人的"敢干"精神，为了人民群众的利益，再大的挑战也敢于尝试。

党员干部对待工作要苦干。脚下沾满多少泥土，心中就有多少真情，肩上就有多少责任。"艰难困苦，玉汝于成"，党员干部要耐得下心，吃得了苦，放下架子、沉下身子深入基层，了解民生需求，聚焦民生痛点。习近平为我们广大党员干部做了很好的榜样。党的十八大以来，习近平每年都深入基层考察调研。从三十多摄氏度高温、烈日似火的安徽，到零下三十多摄氏度、寒风如刃的内蒙古阿尔山；从海拔两千多米的甘肃西海固到山陡沟深的四川大山……为了帮助所有人摆脱贫困，他一次次深入基层调查研究。习近平走遍了全国14个集中连片特困地区，先后深入河北省阜平县骆驼湾村和顾家台村、甘肃省渭源县元古堆村、湖南省凤凰县菖蒲塘村和花垣县十八洞村、河南省兰考县张庄村、江西省井冈山市神山村、安徽省金寨县大湾村等24个贫困村考察调研，推动脱贫攻坚战如火如荼地开展起来。在习近平的亲切关怀和悉心指导下，这些贫困村明确努力方向，鼓足发展劲头，干部和群众齐心协力，实现了脱贫攻坚的历史跨越。在全面建成小康社会收官之年，他们又努力克服突如其来的新冠肺炎疫情，采取有效措施，付出艰苦努力，巩固了脱贫成果。

党员干部对待工作要实干。习近平强调:"面向未来,全面建成小康社会要靠实干,基本实现现代化要靠实干,实现中华民族伟大复兴要靠实干。"①千里之行,始于足下。实干,就是坚持不唯上、不唯书、只唯实,只要有利于发展社会生产力,有利于改善人民生活,让人民满意,就坚决求真知、说真话、办实事、求实效。廖俊波是党员干部的好榜样,他把对党的忠诚注入事业观里。在赴任福建省条件最艰苦的政和县时,他说过这样一句话:"组织派我来,不是让我来过渡的,是让我来干事的。"走马上任"三把火",他把"务虚会"开成"动员会",提振士气、亮出底牌,带领县里所有干部上一线;他顾大局谋长远,把建县委办公楼的钱拿出来搞项目,招商引资办开发区;他"能去现场就不在会场",夜以继日地干,恨不得吃住在工地,短短4年就让政和从"省末位"跨入增长速度"省十佳",三万多贫困人口摘掉了穷帽子。"社会主义是干出来的",廖俊波用行动证明了实干兴业的朴素道理,诠释了一位共产党人为党为民创业造福的政治追求。为民需要实干,方可赢得群众的信任和赞美。党员干部需在其位谋其政、在其岗担其责,在担当实干中践行初心,赢得民心。

新时代党员干部面对艰巨的任务,必须摒弃被动应付,积极进取。要勇于担当,敢为人先,创造性地开展工作。用敢干、苦干、实干的工作作风,创造出无愧于党和人民的辉煌业绩,在建设中国特色社会主义伟大历史进程中谱写开拓进取的壮丽篇章。

---

① 《习近平关于实现中华民族伟大复兴的中国梦论述摘编》,中央文献出版社,2013年,第78页。

四、始终保持干事创业的精神状态

永葆干事创业精神状态是中国共产党的政治本色和优良传统。习近平指出："我们党之所以历经百年而风华正茂、饱经磨难而生生不息，就是凭着那么一股革命加拼命的强大精神。"[1]从新民主主义革命时期战胜强大敌人，到社会主义革命和建设时期克服物质困难，再到改革开放和社会主义现代化建设时期冲破束缚生产力发展障碍，中国共产党始终保持干事创业的精神状态。迈向新的伟大征程、完成新的使命任务，中国共产党以更加昂扬向上的精神状态应对前进道路上的各种风险挑战。

（一）以实干精神践行为中国人民谋幸福、为中华民族谋复兴的初 心和使命

一百多年来，我们党团结带领全国各族人民锐意进取、真抓实干，以想干事、能干事、干成事的拼搏精神，直面问题、破解难题，取得了从积贫积弱、一穷二白到脱贫攻坚、全面小康的伟大成就。中国共产党和中国人民正信心百倍地推进中华民族从站起来、富起来到强起来的伟大飞跃。

新民主主义革命时期，中国共产党在建立红色政权、探寻革命道路的实践中，"唤起工农千百万，同心干"，完成了救国伟业。从土地革命战争到抗日战争、解放战争，这期间形成的井冈山精神、长征精神、延安精神、西柏坡精

---

[1] 习近平：《在党史学习教育动员大会上的讲话》，人民出版社，2021年，第19页。

神正是我们党团结带领人民艰苦创业、顽强斗争的生动写照，谱写了气吞山河的创业史、奋进史。

社会主义革命和建设时期，中国共产党凭着"敢教日月换新天"的斗志和勇气，完成了兴国大业。艰苦创业成为这一时期我们党的主要精神形态。党带领全国各族人民自力更生、艰苦奋斗，完成了社会主义改造，确立了社会主义制度，建立起独立的比较完整的工业体系和国民经济体系。

改革开放和社会主义建设新时期，中国共产党坚持不懈地加强艰苦创业精神教育，以一往无前的勇气和干事创业的精神状态推动改革。改革开放调动起了亿万人民群众干事创业的积极性主动性，中国实现了由贫穷到温饱、再到总体小康的跨越式发展。

中国特色社会主义进入新时代，以习近平同志为核心的党中央继续保持干事创业的精神状态，万众一心、迎击风浪，书写了经济快速发展和社会长期稳定的两大奇迹，实现第一个百年奋斗目标，党和国家事业取得历史性成就、发生历史性变革，推动我国迈上全面建设社会主义现代化国家新征程。

（二）保持"创业不易，守业更难"的清醒与坚定，不断提升党的执政能力

是否始终保持干事创业精神状态，事关中国特色社会主义事业的兴衰成败，事关中国共产党的长期执政地位是否稳固。对于我们这样一个拥有9900 万多名党员、490 多万个基层党组织的大党来说，执政时间越长，取得的成绩越多，保持初心、艰苦创业越不容易。必须着力解决好"始终保持干事创业精神状态"这一难题，以"创业不易，守业更难"的清醒与坚定，不断提升党的执政能力、巩固党的长期执政地位。

"始终保持干事创业精神状态"难在"始终"。承平日久,怠惰乃生。习近平指出:"我们要居安思危,时刻警惕我们这个百年大党会不会变得老态龙钟、疾病缠身。"①中国共产党如何在长期执政的情况下,始终保持干事创业的精神状态时刻考验着全党上下。进入新时代以来,我们党团结带领全国人民创造了"当惊世界殊"的伟大成就,交出了人民满意的时代答卷。踏上新征程,面对更为严峻复杂的国内外环境、更为光荣艰巨的使命任务,必须一以贯之地保持干事创业的精神状态,下力气、花功夫解决好党内出现的思想松动、精神懈怠现象。

"始终保持干事创业精神状态"难在"干"。唯奋斗者进,唯奋斗者强,唯奋斗者胜。伟大梦想不是等得来、喊得来的,而是拼出来、干出来的。当前,我们比历史上任何时期都更接近、更有信心和能力实现中华民族伟大复兴的目标。如果不沉下心来抓落实,再好的目标,再美的蓝图,也只是镜中花、水中月。以实干精神投身伟大事业、实现伟大梦想,是党员干部必须强化的政治品质。

"始终保持干事创业精神状态"难在"创"。"创"字意味着勇于创造、敢为人先的拼搏进取精神。中国共产党自成立以来,凭着敢为人先的精神,把一个个"不可能"变成了"可能"。我们依靠创造精神走到今天,也必然要依靠创造精神走向未来。奋进新征程、建功新时代,更加需要大力弘扬伟大创造精神,不断推进理论创新、实践创新、制度创新、文化创新及其他各方面创新,不断为中华民族伟大复兴提供更为完善的制度保证、更为坚实的物质基础、更为主动的精神力量。在完成第二个百年奋斗目标,实现中华民族伟大复兴的新征程上,党面临的可以预料和难以预料的风险挑战异常复杂严峻,必须

① 《习近平谈治国理政》(第四卷),外文出版社,2022年,第544页。

提振全党的士气和斗志，以勇往直前、敢于拼搏的创业精神不畏艰险、主动担当、积极作为。

(三)把握时代要求，干字当头、敢于担当

社会主义是拼出来、干出来、拿命换来的，不仅过去如此，新时代也是如此。中国共产党是中国特色社会主义事业的坚强领导核心，在开启全面建设社会主义现代化国家、迈向第二个百年奋斗目标的新征程中，更加要求我们把准方向、干字当头、敢于担当、勠力奋斗。

一是强化思想淬炼。注重思想建党是中国共产党的优良传统，也是始终保持干事创业精神状态的重要举措。中华民族伟大复兴绝不是轻轻松松、敲锣打鼓就能实现的，全党上下必须脚踏实地、久久为功，自觉做共产主义远大理想和中国特色社会主义共同理想的坚定信仰者和忠实实践者。要用习近平新时代中国特色社会主义思想凝心铸魂，牢牢把握这一思想的基本立场、观点和方法，并转化为真抓实干、履职尽责的强大力量。

二是增强政治历练。旗帜鲜明讲政治，是马克思主义政党的鲜明特征，是我们党一以贯之的政治优势，也是党员干部干事创业的立身之本。党的二十大报告指出，全面建设社会主义现代化国家，必须有一支政治过硬、适应新时代要求、具备领导现代化建设能力的干部队伍。只有具备过硬的政治素质，才能在重大政治斗争和各种复杂情况面前坚定政治立场、永葆共产党人的政治本色。必须接受严格的党内政治生活淬炼，不断提高政治判断力、政治领悟力、政治执行力，使自己的政治能力同担任的工作职责相匹配，成为忠诚干净担当的好干部。

三是加强实践锻炼。全面建成社会主义现代化强国、实现第二个百年奋斗目标，以中国式现代化全面推进中华民族伟大复兴是新时代新征程赋予中国共产党人的使命任务，需要全党上下保持干事创业的精神状态。干事创业没有过硬的本领是行不通的。党员干部要练就真功夫、增长硬本领，必须勤于磨炼、踏实肯干，在实践中通过挂职锻炼、下沉基层等方式，锤炼党性、淬炼作风，以锐意进取的意志务实功、求实效，提振攻坚克难的精气神、焕发干事创业的新活力。

第七章
基层干部担当作为：坚持久久为功

奋斗创造历史，实干成就未来！一代代中国人正在为实现中华民族伟大复兴而共同努力。实现中华民族伟大复兴，不仅需要干劲，更需要韧劲；不仅需要动力，更需要定力。正如习近平反复强调的，"大国政贵有恒，不能朝令夕改，不要折腾。"①一张蓝图绘到底，需要广大共产党人树立正确的政绩观，从人民的利益出发，切实把工作落到实处，拼搏奋进，久久为功，做出经得起实践、人民和历史检验的实绩。

一、目标的确立要把握大局

"以造福人民为最大政绩。"这既是共产党人坚如磐石的信念，更是共产党人坚定有力的行动。造福人民就是要立足中华民族伟大复兴的战略全局和世界百年未有之大变局，着眼长远战略规划，着眼人民群众的根本利益，

---

① 《以习近平同志为核心的党中央治国理政新理念新思想新战略》，人民出版社，2017年，第254页。

坚持从巩固党的执政地位的大局看问题，多做有利于社会持续发展的好事、实事。

（一）干事创业要着眼长远战略规划

伟大的事业在承前启后中推进，伟大的目标在接续奋斗中实现。党员干部追求干事创业的政绩，既要立足当下，更要着眼未来。党的十九届五中全会审议通过的《中共中央关于制定国民经济和社会发展第十四个五年规划和二〇三五年远景目标的建议》（以下简称《建议》），为党员干部干事创业擘画了宏伟蓝图，指明了前进方向。

党的十九大在对决胜全面建成小康社会作出部署的同时，明确了从2020年到本世纪中叶分两步走全面建设社会主义现代化国家的新目标。"十四五"时期是我国实现新的更大发展的关键时期，是我国开启全面建设社会主义现代化国家新征程、向第二个百年奋斗目标进军的第一个五年。《建议》科学擘画了我国未来15年的发展新蓝图，对"十四五"时期提出了主要目标，将党的十九大提出的战略安排细化、丰富化。当今世界正经历百年未有之大变局，我国发展面临的国内外环境正发生着深刻复杂的变化，我们要深刻认识错综复杂的国际环境带来的新矛盾、新挑战，深刻认识我国社会主要矛盾变化带来的新特征、新要求，增强机遇意识和风险意识，保持战略定力，为全面建设社会主义现代化国家开好局、起好步。

为了实现2035年远景目标，党在综合考虑国内外发展趋势和我国发展条件的基础上，坚持目标导向和问题导向相结合，坚持守正和创新相统一，在经济发展、改革开放、社会文明程度、生态文明建设、民生福祉、国家治理效能等方面都得到稳步提升，为全面建设社会主义现代化国家找准突破口和着力点。高质量发展是我国进入新时代的基本特征。今天我国所取得的历史性成就、发生的历史性变革是我们党带领全国人民干出来的。着眼当下，要想使立足长远的民生举措项项落地生根，满足人民日益增长的美好生活需要，唯有实干。要坚持新发展理念，不断提高贯彻新发展理念的能力和水平，提高制度执行力和治理能力，推动构建新发展格局，推动高质量发展。在新时代，只有实干才能兴邦，只有实干才有民族复兴。

（二）造福人民要着眼人民群众的根本利益

我们党把造福人民作为最重要的政绩。中国共产党因民而生、为民而兴，从诞生之日起就把全心全意为人民服务写在自己的旗帜上，始终把人民群众的利益放在首位，矢志不渝为中国人民谋幸福、为中华民族谋复兴。

当前我国经济正在由高速增长阶段向高质量发展阶段迈进，高质量发展离不开高质量政绩，高质量政绩需要各级领导干部实实在在地为百姓做好事做实事，让人民群众真正得到实惠。在当前形势下，各级领导班子和党员干部要始终把人民安危冷暖、安居乐业放在心上，把为民造福作为最重要的政绩，用心用情用力解决百姓关心的现实问题，一件接着一件抓落实，一年接着一年加油干，努力让群众看到变化、得到实惠。

脱贫攻坚是第一民生工程。习近平指出，到 2020 年现行标准下的农村贫困人口全部脱贫，是党中央向全国人民作出的郑重承诺，必须如期实现，没有任何退路和弹性。经过全党全国各族人民共同努力，在迎来中国共产党成立一百周年的重要时刻，我国脱贫攻坚战取得了全面胜利，现行标准下 9899 万农村贫困人口全部脱贫，832 个贫困县全部摘帽，12.8 万个贫困村全部出列,区域性整体贫困得到解决,完成了消除绝对贫困的艰巨任务,创造了又一个彪炳史册的人间奇迹![1]

坚持就业优先,做好重点群体就业工作。一方面,关注大学生就业。各地人力资源和社会保障部门启动高校毕业生就业服务行动,对离校未就业毕业生集中跟踪帮扶,重点帮扶困难毕业生和长期失业青年,抓好青年见习计划、青年就业启航计划的实施,帮助广大高校毕业生更好地融入就业市场。另一方面,关注进城务工人员就业。政府采取多种措施大力加强对进城务工人员,尤其是新生代进城务工人员的职业培训,提高进城务工人员就业的竞争力,增加进城务工人员的就业收入。同时,还特别关注退役军人就业。为更好地支持退役军人实现多元化就业,退役军人事务部等军地12个部门联合印发了《关于促进新时代退役军人就业创业工作的意见》,从放宽招收条件、拓宽就业渠道、强化就业服务等方面,采取具体举措,推动实现退役军人高质量充分就业。政策有部署,地方有行动。各地方为就业群体广开就业渠道。贵州省开展"春风行动",多部门联动为求职者和各类用工企业搭建平台,提供及时有效的公共就业服务;海南省着眼于扶持产业、服务企业,加快务工奖补、职业培训补贴等的发放速度;云南省启动"创业导师走进云南高创园"活动,邀请来自大数据人工智能、生物科技、新能源等领域的专家、创业导师,推动导师与企业直接沟通合作。实践证明,只有创造更多的就业岗位、更多的致富门路,才能真正解决群众的民生难题。

公共卫生事关人民群众的生命安全。新冠肺炎疫情发生后,党中央将疫情防控作为头等大事来抓,经过全国上下艰苦卓绝的努力,疫情防控取得了重大战略成果。但在这次应对疫情的过程中,暴露出我国在重大疫情防控体

---

① 习近平:《在全国脱贫攻坚总结表彰大会上的讲话》,《人民日报》,2021年2月26日。

制机制、公共卫生应急管理体系等方面存在的短板，需要总结经验、吸取教训，抓紧补短板。面对存在的问题，全国上下应抓紧完善重大疫情防控救治体系和公共卫生体系，加强基层防控能力建设，提高应对突发重大公共卫生事件的能力和水平，以更好地保障人民群众的生命安全和身体健康。

（三）坚持从巩固党的执政地位的大局看问题

中国共产党肩负着高举社会主义旗帜和建设中国特色社会主义伟大复兴的历史使命，党的领导是党和国家事业不断发展的定海神针。2014 年 10 月 8 日，习近平在党的群众路线教育实践活动总结大会上指出："各级各部门党委（党组）必须树立正确政绩观，坚持从巩固党的执政地位的大局看问题，把抓好党建作为最大的政绩。如果我们党弱了、散了、垮了，其他政绩又有什么意义呢？"[①]因此，要不断地巩固党的执政地位，就要不断加强执政党自身建设。

我们党巩固党的执政地位，实现党的执政使命，必须坚持党要管党，从严治党。党的十八大以来，中央坚定"党要管党、从严治党"的决心，为进一步加强党建工作指明了方向，提出了具体要求。加强党的政治建设，是全面从严治党向纵深发展的内在需要，也是坚持和加强党的全面领导的必然要求。如果放松了管党治党，党内各种不健康思想就会滋长起来，有些党员就会腐化变质，党的组织就会软弱涣散，党就不会有坚强的战斗力。

事实证明，只要党组织始终高度重视党的建设，就能有效化解脱离群众的危险。加强基层党组织建设，能够有效提升基层党组织的凝聚力战斗力。

---

① 习近平：《在党的群众路线教育实践活动总结大会上的讲话》，《人民日报》，2014 年 10 月 9 日。

要以提升组织力为重点,突出政治功能,把企业、农村、机关、学校、科研院所、街道社区、社会组织等基层党组织建设成为宣传党的主张、贯彻党的决定、领导基层治理、团结动员群众、推动改革发展的坚强战斗堡垒。党支部要担负好直接教育党员、管理党员、监督党员和组织群众、宣传群众、凝聚群众、服务群众的职责,引导广大党员发挥先锋模范作用。坚持"三会一课"制度,推进党的基层组织设置和活动方式创新,加强基层党组织带头人队伍建设,扩大基层党组织覆盖面,着力解决一些基层党组织弱化、虚化、边缘化问题。扩大党内基层民主,推进党务公开,畅通党员参与党内事务、监督党的组织和干部、向上级党组织提出意见和建议的渠道。注重从产业工人、青年农民、高知识群体中和在非公有制经济组织、社会组织中发展党员。加强党内激励关怀帮扶。增强党员教育管理针对性和有效性,稳妥有序开展不合格党员组织处置工作。广大党员干部要做到立党为公、执政为民,加强同人民群众的血肉联系,让人民群众切实感受到干部清正、政府清廉、政治清明。

在新时代奋进的历程中,我们要以毫不松懈的精神状态和一往无前的奋斗姿态,把党建设成为坚强有力、朝气蓬勃的马克思主义执政党,确保我们党始终保持中国特色社会主义伟大事业的坚强领导者。

二、决策的执行要行之有效

政策彰显大写的民意。制定科学有效、符合人民利益、切合实际的发展思路和工作举措,决策者既要立足当前,更要着眼长远。对过去既定的目标任务和行之有效的决策部署,继续坚持,扎实推进,决不能为了所谓的"政绩",一件事还没落实,又要朝令夕改。

(一)"朝令夕改"危害大

近些年,在社会治理中,有的城市出现了"换一届政府改一次规划"的现象,政策的"朝令夕改"给社会的治理、城市的建设、国家的发展带来了不小的危害。

政策"朝令夕改"损害了公共利益。政府推出的公共政策必然要耗费公共资源,如果这项公共政策在实施中随意发生变动,必然造成人财、物、信息、时间等公共资源的浪费,形成决策性浪费。政策制定者推翻自己之前作的错误的决定,虽然有及时纠错、及时止损的积极意义,但是前期政策制定与政策执行过程中付出的成本已经是无法挽回的,公共利益也因此受到了损害。

政策"朝令夕改"提升了执行成本。政府制定的政策是不能随意变更的,因为政策是政府与社会公众间订立的带有法律意义上的承诺。政策的"期令夕改",作为一种非常态的政策运行过程,首先会增加政策执行成本,降低政策执行的效率;其次会让下级在上级的决策面前变得无所适从,由于忙于收拾残局,久而久之会导致下级"观望式执行""应付式执行",结果则是政令不畅;最后"短命"政策还会增加社会对政策的不适应,让公众在面对公共政策时会出现"选择性执行""迟滞性执行",从而阻碍政策执行的力度,增加决策执行的成本。政策"朝令夕改"损害了政府形象。政府形象是政府的能力资源。好的政府形象有助于形成"民呼我应"与"我呼民应"的良性互动,能够有效化解社会风险、提升治理效能、推动政府的职能转变。但是政策如果半路废止,丧失了应有的连续性、稳定性和长期性,政府部门就有可能失去公众的信任,失去公众对公共政策的信心,甚至会激化公众与政府之间的矛盾。出现政策"朝令夕改"这一现象的原因是多方面的,其中既有少数领导干部官僚主义作风严重,习惯于发号施令,"拍脑袋"作决策的原因;也有少数党员干部只追求"短期政绩""泡沫政绩"，急功近利出台政策的原因；还有少数决策者只为部门利益着想，制定政策时不考虑公共利益，结果出台的政策得不到人民群众拥护的原因。破解政策"朝令夕改"，需要决策者树立正确的政绩观，科学制定政策。

(二)以正确的政绩观指引决策思想

受人民重托、担一方之责。要保证决策的科学有效，需要决策者树立正确的政绩观，从维护人民利益出发，真正落实以人民为中心的理念，在制定政策与执行政策时坚持"从群众中来，到群众中去"的群众路线，把群众满意作为检验政策是否有效的标尺。

制定政策要从实际出发。制定政策要关心、关注民生，做抓基层、打基础、管长远的实绩。习近平初到正定县工作时，为了扎实细致地了解县情、发现问题、收集民意，他扑下身子，骑着自行车跑遍了正定的每个村落。他积极沟通解决居民的交通问题，使正定成为石家庄第一个通公共汽车的县；他积极争取给群众供应煤气，极大地改善了群众的生活条件；他积极改善小学办学条件、为农村设站收牛奶；他深入调查研究，在充分把握正定县资源优势、地缘优势的基础上，率先提出了正定要走"半城郊型"的经济发展道路……他始终把人民群众的利益放在首位，真心实意地为群众解难事、办实事。短短3年，正定县就实现了工农业总产值翻一番，老百姓的肚子饱了、腰包鼓了、日子好过了。

制定政策要从大局去思考。制定政策需要从全局定位，从长远谋划，通过"修内功"呈现给人民群众一个有公信力、有责任担当的政府形象。浙江省湖州市在历史上是一个拥湖而美、因湖而名的城市，但是经济的发展破坏了生态环境,长达245.2千米的垃圾河、258.9千米的黑臭河严重影响着人们的生活质量,治理河水污染已成当务之急。2013年,湖州市政府决定全面启动治水行动。为了将这一重大而艰巨的惠民工程抓好抓实,湖州市积极发动人民群众的力量,通过宣传发动、实事惠民等举措最大限度地激发和调动广大群众及社会各方参与治水的积极性、主动性,使各单位各部门、各类群团组织和社会各界与广大城乡居民都积极行动起来,参与治水、支持治水,形成了全民治水的强大合力与良好氛围。经过5年的攻坚克难和强势推进,湖州全市77个县级以上地表水监测断面全部达到或优于Ⅲ类水质,许多长期以来污染严重的河流、水体通过治理恢复了生机与活力,人民的获得感和幸福感显著提高。

　　制定政策还要体现延续性。现有政策要与前期制定的政策相衔接,在充分把握好传承与创新的关系的基础上,借鉴和吸收以前政策中的好思路、好创意,作为制定新政策的重要参考和依据。同时,还要深入考量群众需求和当地的实际情况,紧密结合新特点新变化新问题,对政策作出恰到好处的调整和完善,增添有助于推动经济社会发展、增强人民群众获得感和幸福感的好创意,删掉不合时宜的老套路、老做法,让政策永葆应有的生机与活力,切实把政策落实好。习近平初到正定工作时,发现正定每年要给国家贡献7600万斤粮食,是河北省产粮大县,但是老百姓却还是吃不饱。经过深入调研,他发现这与国家粮食征购任务多有关。习近平明确表示:"我们正定宁可不要'全国高产县'这个桂冠,也要让群众过上好日子。"[①]他如实向中央汇报。后来正定的国家粮食征购任务减少了2800万斤,大大减轻了农民的负担,很快解决了农民的温饱问题。

---

　　①　中共中央党校科研部:《新时代调查研究之道》,人民出版社,第165页。

(三)以严格的制度规范政策的运行

制定政策是一个系统工程,只有通过多方位的系统研究、多角度的科学论证、多层次的立体透视,才能确保政策的严肃性和稳定性。要通过制定一系列行之有效的制度,使决策规范化、程序化,避免政策的"朝令夕改"。

制定政策需要科学论证。制定政策要通过改进调查研究制度,因时制宜,因地制宜,采取多种调查研究方法,保证决策者真正深入群众广泛征求民意;通过完善专家咨询制度,建立新型智库,多听取专家的意见,进一步提升决策的"知识含量"和"专业程度"。我国生育政策的改变就是一个典型示例。从 1980 年开始,以独生子女政策为核心内容的计划生育政策在我国推广施行。然而近些年,我国社会逐渐出现人口红利消失、临近超低生育率水平、人口老龄化、出生性别比例失调等问题。面对这些社会问题,从 2001 年开始,中国人民大学、中国科学院、中国社会科学院等多家教学科研机构纷纷开展中国生育政策调查研究,并在《经济参考报》《人民日报》等报纸上发表文章,呼吁调整人口政策。原国家人口计生委在广泛听取社会意见和深入调研的基础上,于 2010 年 1 月 6 日下发《国家人口发展"十二五"规划思路(征求意见稿)》,提出了推行试点"单独二孩"的政策意见。该政策试行 3 年之后,2014 年,原国家卫计委委托相关科研机构再一次调研并全面论证"全面二孩"政策实施后的人口增长问题,并得出在我国可以"全面放开二孩"政策的结论。2015 年 10 月,党的十八届五中全会通过了"全面实施一对夫妇可生育两个孩子"政策。由此,在我国实行了 35 年的独生子女政策宣告终结,"全面二孩"政策已经成为有效应对我国人口老龄化的重要举措之一 。

制定政策需要完备的落实机制。决策部门通过落实集体决策制度,以发挥民主集中制的作用；通过有效实施公示、听证制度，做到开门以发碳院"暗箱操作"；通过建立健全既相互制约又相互协调的决策权、执行权和监督权的运行机制，实行责任倒推机制，提升决策质量，确保政策的长期有效。在江苏省苏州工业园区的规划展示馆存有两张图片：一张是 1994 年苏州工业园区启动建设之前，由规划专家手绘的金鸡湖畔园区的鸟瞰图；另一张是 2014 年在同样角度拍摄的实景照片。两张图片虽然在时间上间隔了 20 年，但在内容上却是高度吻合，虽然园区领导班子调整过多次，但工业园的发展格局与当初的规划设计几乎一模一样。"一张规划图，管了二十年。"原来，苏州工业园区早在创立之初，就充分论证了编制的总体发展规划。规划的标准高，要求严，加之配套建立的刚性的约束机制，保证了规划的长效实施。

（四）以过硬的本领提升决策的能力

决策是领导者的主要职责。面对错综复杂的局面和瞬息万变的形势，领导干部要善于及时作出正确抉择，这对决策者的能力要求非常高。2010 年 10 月，习近平在中共中央党校（国家行政学院）青年干部培训班开班式上指出，年轻干部要提高科学决策能力，强调领导干部想问题、作决策，一定要对国之大者心中有数，多打大算盘、算大账，做到既为一域争光，更为全局添彩。[①]

党员干部要有决策的魄力，能够通过科学比较全面分析，权衡利弊得失，作出正确的决策。然而当前，有的党员干部存在对新知识"搞不懂"对新情况"把不准"、对新事物"跟不上"的恐慌心理，面对事业发展中的各种不确定性风险，广大党员干部要下大功夫苦练内功。1973 年，诺贝尔奖得主赫伯特·西

---

① 《习近平在中央党校（国家行政学院）中青年干部培训班开班式上发表重要讲话强调 年轻干部要提高解决实际问题能力 想干事能干事干成事》，《人民日报》，2020 年 10 月 11 日。

蒙和威廉·蔡斯首次提出了专业技能习得的"10年定律"。这一定律虽然主要是针对专业人才说的，对党员干部提升自身的决策能力也有充分的借鉴意义。因为只有通对长时间的实践锻炼，才能更好地提升业务能力。《礼记·大学》提出格物、致知、诚意、正心、修身、齐家、治国、平天下八条目。格物致知是修身增才、做好工作的基础，当人们想推究事物的原理、获得知识时，就需要把心思沉下来，一点点琢磨，一步步钻研。虽然古今异代，但是人心亦同。新时代，党员干部同样应做到格物致知，要把身心投入岗位的履职尽责中、投入一方治理中，不急不躁，专心实践探索，通过练就新本领、掌握新技能，在实践中增长才干，在奉献中实现价值，从而提高决策能力，提高决策质量。

新疆维吾尔自治区阿克苏地区曾是全国"三区三州"深度贫困地区，贫困发生率高达1%。为确保各项帮扶措施落实到位，从2013年开始，地区党委因地制宜、因户施策，选派最强最优最有潜力的人到最贫困的地方，选派副县级领导干部担任镇党委书记，市委班子成员担任包联村第一书记，选派优秀党员干部进村工作，充实乡村扶贫队伍，使党员干部成为脱贫攻坚的中坚力量。他们结合当地的不同情况，探索实践不同的帮扶措施。在阿依库勒镇，党员干部结合当地实际，带领群众开展庭院化整治，帮助6446户群众搬进安居富民房，建成红枣、核桃示范基地330亩。在拜城县，党员干部帮助村民成立了油鸡养殖合作社，通过提高养殖技术，先后带领37户贫困村民走上致富路。在沙雅县海楼镇，党员干部帮助农户成立农业服务专业合作社，一千一百余名农户实现了转移就业。截至2020年6月，阿克苏地区2个深度贫困县摘掉了国家级贫困县的帽子，全地区实现了269个贫困村全部退出、6.54万户24.66万人整体脱贫的目标。阿克苏地区的广大基层党员干部，以务实的扶贫举措、扎实的政策落实、真实的扶贫结果，向党和人民交上了一份令人满意的答卷。

三、政策的落实要不打折扣

习近平反复强调，一分部署，九分落实。为政之要，重在实干；实干之要，重在落实。共产党人要实现宏伟蓝图的目标和任务，不是用口号喊来的，而是扑下身子、撸起袖子、脚踏实地干出来的，是不打折扣一步一步落实来的。

（一）自觉有为狠抓落实

狠抓落实是党员干部的政治责任。习近平在党的十九大报告中指出："领导十三亿多人的社会主义大国，我们党既要政治过硬，也要本领高强。"① 狠抓落实是每个党员必不可少的本领，必须加以重视。要及时贯彻党中央精神，严格落实党中央决策部署。为落实党中央决策部署，广大党员干部要加强作风建设不松劲、不停步，聚焦突出问题，大力弘扬"马上就办、真抓实干"的优良作风，集中精力整治形式主义、官僚主义；要严明政治纪律、政治规矩，确保党中央重大决策部署落地生根；要强化监督、严肃问责，确保党中央的政令畅通。党的十九届五中全会于 2020 年 10 月 26 日至 10 月 29 日在北京召开，在全会闭幕的第二天，即 10 月 30 日，浙江省、山西省、江苏省、重庆市等省市就以召开常委会扩大会议、市委常委会、领导干部会议等形式，及时学习传达了党的十九届五中全会精神，并结合本省市的具体工作对贯彻全会精神作出了部署安排。

---

① 习近平：《决胜全面建成小康社会 夺取新时代中国特色社会主义伟大胜利——在中国共产党第十九次全国代表大会上的报告》，《人民日报》，2017 年 10 月 19 日。

要以强烈的事业心、责任感狠抓落实。强烈的事业心和责任感是做好工作、成就事业的关键。具备事业心就要求党员干部在履职尽责中有所作为、有所进步和有所贡献。事业心离不开责任感。保持强烈的责任感,就要求党员干部一级做给一级看,一级带着一级干,切实做到以上率下抓落实。具备强烈的事业心和责任感,需要广大党员干部具备大局意识、全局观念,能够始终围绕大局、服务中心开展工作,学会"跳出来"看问题,既谋事,更谋势。进入新时代,广大党员干部更应紧贴实际,既要使自己主管或分管的工作服从、服务于全局,又要根据当地实际稳步推进,以强烈的事业心和责任感,把为民造福的好政策尽快落地落实。

(二)勇于担当敢抓落实

党员干部在其位,就要尽其职,谋其事,其中体现的是魄力,考验的是担当。党员干部就是要勇挑最重的担子,敢啃最硬的骨头,善接最烫手的山芋;敢到困难大的地方去解决问题,到群众意见多的地方去化解矛盾,到工作推不开的地方去打开局面,带领人民群众干事创业。

党员干部要敢于担当、善于担当。改革开放初期,习仲勋任职于广东省农业委员会,他对从化市的产量承包责任制试验给予了充分肯定,对农村产业结构和经济结构进行了调整改革。有的干部对试验有顾虑,他坚定地说:"怕什么?只要能增产就是好办法,这两个大队我已经批准他们继续试验,错了我负责!"①改革往往没有先例可循,党员干部的担当精神和开拓意识尤为珍贵,要敢于并善于担当,应该做的事,顶着压力也要做;应该担的责,冒着

---

① 彭飞:《为敢于担当的干部撑腰鼓劲》,《人民日报》,2018 年 5 月 24 日。

危险也要担。党员干部的责任要层层压实。如果责任压不实，任务必然落不实，狠抓落实就会流于形式。要通过明确责任、明确标准、明确时限等，切实把压力层层传导下去，该"贴身紧逼"就要"贴身紧逼"，该"推一把"就要"推一把"，真正把"狠劲"体现出来。压实责任的关键是严明纪律、奖惩分明。

层层压实责任。一方面，需要把惩戒的板子打下去，把纪律的威严立起来；另一方面，要大力宣传表彰先进，及时兑现奖励承诺，以进一步激发各领导干部敢于担当、善于担当的热情与动力，推动工作的有效落实。"3+1"，考核评价体系，是山西省运城市出台的考核市管正职领导干部履职情况的测评体系，即对领导干部在重点工作承诺制、重大事项报告制、重要工作末位分析解剖制和履职情况的其他方面作出的综合性评价。采用单位内部测评、正职党员干部互评、市四大班子领导评价和专项考察等方式。通过测评，对于业绩突出的党员干部，不但要表扬，还要予以重用。对于业绩不突出的领导干部，有的被市委约谈，有的甚至被免职。这一测评措施有效地引导了运城市各级党员干部的担当作为、干事创业的良好风气。

(三)能力突出会抓落实

制度的生命力在于执行。顶层设计得再好，离开坚定的执行也会大打折扣。制度的落实体现着领导干部的本领与智慧。为了避免制度成为"稻草人"，出现"破窗"效应，领导干部在抓落实的过程中，要注重运用科学方法论，做到既敢抓落实，也善抓落实。

抓落实要讲重点。工作千头万绪，不能"眉毛胡子一把抓"，要正确运用矛盾分析法，一分为二地看问题。要善于抓住主要矛盾和矛盾的主要方面，把工作的着力点放在抓重点工作和主要工作的落实上。要抓住全局性问题，找准着力点，精准施策，防止"一锅煮""一刀切"。

抓落实要敢创新。创新是一种担当、一种能力，抓落实就要抓创新。在创新中推动工作落实，在落实中丰富创新举措，是党员干部必须具备的素养。党员干部抓落实的过程不可能一帆风顺，当遇到新情况、新问题、新挑战，就需要保持高昂的精神状态，着眼于新的实践和新的发展，在创新创造中开拓新局面。2020年5月8日，河南省洛阳市政府启动了"古都夜八点相约洛阳城"文化旅游活动。同样是发展"夜经济"，但洛阳市的不同之处在于集中推出了"八个一"特色活动，即每晚八点，推出一档《古都夜八点》电视直播栏目、一个《古都夜八点》广播节目、一次"夜游龙门"、一次"八点特惠"、一场3D投影灯光秀、一台"池上繁华"古装演艺、一场"洛水惊鸿"演艺和一个文化演艺专场活动，重点培育了八个综合性夜间文化旅游消费集聚地，丰富了"吃、住、行、游、购、娱、康、演"八种业态。这一活动的启动，创新了夜游产品，丰富了夜游、夜购、夜宵、夜娱等消费业态，繁荣了夜间文化旅游市场，激活了文化旅游消费，让传统旅游资源焕发出了新活力。事实证明，这一具有创意的文化旅游活动很好地满足了市民、游客精神文化生活需要和对多样化高品质消费的需求，有效地拉动了当地经济的发展，获得了广大群众的一致好评。

（四）顽强作风真抓落实

真抓落实就要求党员干部在履职尽责过程中发扬钉钉子精神。钉钉子精神体现的是敢于担当的精神、坚韧不拔的意志、攻坚克难的力量和一往无前的劲头。要将中国特色社会主义事业发展的宏伟蓝图一绘到底，党员干部就要以钉钉子精神担当尽责，真正做到对历史和人民负责。

要精准发力。钉钉子首先要精准，做到科学地钉。很厚的墙或者木板，钉子往往很难穿透，但如果找准切入点就容易穿透了。这告诉我们，遇到难题应当像钉钉子一样选择切口，做到精准发力，问题就会精准突破。工作落实也是如此。许多环节上，有时看起来"山重水复疑无路"，但只要选准了方位，抓住了"牛鼻子"，精准施策，就能够展现出"柳暗花明又一村"的新局面。因此，党员干部在抓落实的过程中，面对困难和问题，要把准脉搏，拿出有的放矢的对策，确保钉钉子找准方位，精准发力、精准突破。

让芮城走上生态文明发展之路是山西省运城市芮城县委原书记董旭光就职时的表态。为了实现这一承诺，他没有等靠要，而是主动出击，积极向国家部委表达希望光伏"领跑者"计划能够落户芮城的愿望。一年间，他不畏辛苦，先后 23 次带队前往国家有关部委和能源局汇报工作、争取项目，对于专家们提出的意见和建议，他带头高标准、高效率地进行落实、整改。终于在 2016 年 7 月，光伏领跑技术基地项目落地芮城。这一项目总投资 88 亿元、总装机容量 102 万千瓦，成为该县发展历史上最大的投资项目。项目落成后，董旭光没有停歇，又亲自挂帅现场办公，全力协调解决项目推进中的难题，仅用了 9 个月就实现了一期项目 500MW 全容量并网发电，在全国第二批 8 个光伏基地中最早实现并网发电，跑出了让业界、同行感到惊讶的"芮城速度"。光伏产业的落地，既开发了芮城当地的新能源产业，又解决了困难群众的就业和脱贫难题，可谓一举两得。正是靠着精准发力、精准突破，董旭光带领芮城人民走出了一条以生态文明引领县域经济转型发展的绿色崛起之路。

要用实功。钉钉子还要用实劲。需要钉钉子的地方，就是不牢固、容易出问题的地方。钉钉子不是一锤子就能钉好的，只有一锤接着一锤敲，才能钉实钉深钉牢。因此，发扬钉子精神，贵在持之以恒、常抓不懈，久久为功。抓工作落实，就要一件事情接着一件事情办，一个环节接着一个环节干，脚踏实地、锲而不舍地往前推；就要以"不积跬步，无以至千里；不积小流，无以成江海"的态度崇尚实干、秉承实干，在实干中破解难题，在实干中见成效，在实干中抓住和用好机遇。为了彻底改变"十年九旱"的历史，1959 年，河南省林县（今林州市）县委提出，要从林县穿越太行山到山西，引入浊漳河的水。1960 年 2 月，红旗渠开工建设，林县广大党员干部带领群众风餐露宿、日夜奋战，削平山头 1250 座，凿通隧洞 211 个，架设渡槽 152 座，直到 1969 年 7 月支渠配套工程全面完成。30 万林县人民用近十年的不懈拼搏，硬是靠着一锤、一铲、两只手，在万仞壁立、千峰如削的太行山建成了全长 50 千米的"人工天河"。红旗渠是广大党员干部用热血筑就的精神丰碑。习近平曾指出，红旗渠精神是我们党的性质和宗旨的集中体现，历久弥新，永远不会过时。今天的广大党员干部仍要秉持和发扬红旗渠精神中的认真精神、实干精神、钉钉子精神，抓紧每一天，干好每件事，一步步向目标靠近，以实干、实绩和实效来诠释对党的忠诚和担当。

要经得起检验。钉钉子是一锤一锤地敲，那如何检验钉的效果？钉得准不准，钉得牢不牢呢？这就需要通过实践对钉钉子的效果加以检验。我们党团结带领中国人民共同创造了历史伟业，但是历史伟业不是等得来、喊得来的，而是靠发扬钉钉子精神干出来的。干的效果要经得住实践的检验、历史的检验和人民的检验。党和国家事业始终体现着广大人民群众的意愿，人民拥护不拥护、赞成不赞成、高兴不高兴、答应不答应就是检验的根本标准。

2020 年是全面建成小康社会和打赢脱贫攻坚战的收官之年。习近平在 2020 年 3 月 6 日召开的决战决胜脱贫攻坚座谈会上强调，要夺取脱贫攻坚战全面胜利，确保经得起历史和人民的检验。为了经得起历史和人民的检验，全国各地"严把退出关，坚决杜绝数字脱贫、虚假脱贫"。宁夏回族自治区吴忠市盐池县为确保扶贫开发信息系统数据准确、完整、真实，对全县所有农户开展了新一轮的拉网式大排查；新疆维吾尔自治区和田地区严把扶贫工作退出关，既不脱离实际、拔高标准，也不虚假脱贫、降低标准，坚持从严从实，严查重点难点和薄弱环节，不留死角盲区；山西省吕梁市中阳县加大对扶贫工作的监管力度，县里实现脱贫摘帽后，继续采取专项检查、突击检查、暗访检查、联合检查等多种方式，紧盯扶贫资金和扶贫项目，切实做好扶贫领域监督执纪问责工作；陕西省安康市宁陕县推进纪律监督、监察监督、派驻监督、巡察监督协调联动，对全县的脱贫攻坚进行全面、认真、细致的检验。

实践证明，脱贫攻坚工作凝聚了全党全国各族人民的智慧和心血，是广大干部群众扎扎实实干出来的。为了确保取得脱贫攻坚的最后胜利，各级党组织求真务实、真抓实干，努力创造出经得起实践检验、人民检验和历史检验的实绩。

纤纤不绝林薄成，涓涓不止江河生。一张好的蓝图，只要是科学的、切合实际的、符合人民愿望的，大家就要一茬一茬接着干，干出来的都是实绩。七十多年来，我们国家从站起来、富起来到强起来的每一次飞跃，都是勇毅笃行的奋斗史。当前，面对新形势新机遇，我们党员干部仍要保持耐心和战略定力，不骄不躁地做好自己的事情，日日精进、久久为功。

四、力戒形式主义、官僚主义

迎来送往少了，"沉下去"察民情、惠民生的多了；在手机上"盯群""爬楼"的少了，奔一线办实事、抓落实的时间多了……一段时间以来，各地各部门深化整治形式主义、官僚主义，引导党员、干部把时间、精力投入干事创业中，凝聚起实干兴邦的正能量。

"要坚持真抓实干、狠抓落实，一切工作都要往实里做、做出实效，不好高骛远、不脱离实际，力戒形式主义、官僚主义""多做为民造福的实事好事，杜绝装样子、搞花架子、盲目铺摊子""坚决杜绝口号式、表态式、包装式落实的做法"……习近平总书记一系列重要指示，成为广大党员、干部树立和践行正确政绩观的重要遵循。干事创业要求真务实、真抓实干，做工作要自觉从人民利益出发，决不能为了树立个人形象，搞华而不实、劳民伤财的形象工程、政绩工程。

形式主义、官僚主义是党和国家事业发展的大敌。热衷于作秀的装样子、要"面子"不要"里子"的花架子、盲目追求高指标的铺摊子……诸如此类问题会造成人力、物力、财力和时间的浪费，助长弄虚作假、投机取巧的心理和好大喜功的浮夸作风，严重损害党和政府的威信。追根究底，形式主义的根源是政绩观错位、责任心缺失，官僚主义的根源是官本位思想严重、权力观扭曲。树立和践行正确政绩观，必须从思想和利益根源上破解形式主义、官僚主义问题，从讲政治的高度来把握求真务实、真抓实干的要求，努力做到谋事实、创业实、做人实。

坚持一切从实际出发，是我们想问题、作决策、办事情的出发点和落脚点。形式主义、官僚主义问题的一个集中表现，就在于一些人思想上脱离实际、忽视规律，行动上虚夸浮躁、急功近利。陈云同志曾指出："讲实事求是，先要把'实事'搞清楚。"[①]坚持从实际出发谋实事，前提是深入实际、了解实际，关键在掌握调查研究这个基本功。党员、干部必须把真实情况掌握得更多一些、把客观规律认识得更透一些，克服浮躁情绪，抛弃私心杂念，使点子、政策、方案符合实际情况、符合客观规律、符合科学精神。

工作是干出来的，不是喊出来的；业绩是做出来的，不是说出来的。形式

---

① 《陈云文选》(第三卷)，人民出版社，1995年，第250页。

主义、官僚主义注定干不成事。焦裕禄跑遍兰考上千个沙丘寻求治沙之法，孔繁森在雪域高原跋涉数万千米摸索发展之策，石光银与荒沙碱滩抗争40年寻找致富之方，唯有真抓实干、狠抓落实才能开辟发展坦途。面对改革发展稳定的艰巨任务，脚踏实地、久久为功，勇于直面矛盾，善于解决问题，是每个党员、干部的应尽之责。

谋事要实、创业要实，归根结底在于做人要实。做人不实，就无法戒骄戒躁、不务虚功。共产党员和领导干部只有做到人品上老老实实，才能有工作上的求真务实，也才能有人格上的巨大魅力。把老实做人、做老实人当作人生信条，贯穿和体现到工作、学习、生活的各个方面，方能力戒形式主义、官僚主义，为人生行稳致远、事业开拓新局筑牢基底。

党和国家事业发展，离不开全党脚踏实地、真抓实干。习近平强调："我们是'行动党'，不是'口号党'，要求真务实、讲真话、办实事。"[1]奋进新征程、建功新时代，以实干赢得民心，以实绩护航发展，就一定能成就未来。

---

① 中共中央党史和文献研究院编：《习近平关于力戒形式主义官僚主义重要论述选编》，中央文献出版社，2020年，第54页。

第八章
基层干部担当作为:注重综合发展

2004 年 2 月 8 日,习近平在《浙江日报》发表的《要看 GDP,但不能唯 GDP》一文中强调,"各地的实际情况不同,衡量政绩的要求和侧重点也应有所不同。要看 GDP,但不能唯 GDP。GDP 快速增长是政绩,生态保护和建设也是政绩;经济社会发展是政绩,维护社会稳定也是政绩;立竿见影的发展是政绩,打基础作铺垫也是政绩;解决经济发展中的问题是政绩,解决民生问题也是政绩……坚持按客观规律办事,重实际、鼓实劲、求实效,不图虚名,不务虚功,不提脱离实际的高指标,不喊哗众取宠的空口号,不搞劳民伤财的假政绩,扎扎实实地把各项工作落到实处"①。

一、在发展中保障和改善民生

为什么人的问题,是检验一个政党、一个政权性质的试金石。坚持以人

---

① 习近平:《之江新语》,浙江人民出版社,2007 年,第 30 页。

民为中心是习近平新时代中国特色社会主义思想的重要组成部分。人民的美好生活需要日益增长，而保障和改善民生也是一项长期、系统、艰巨、复杂的工程，必须通盘考量与协调解决。树立正确的政绩观，就是要准确把握推进经济发展和改善民生的辩证关系，对此，党的十九大报告提出了"既尽力面为，又量力面行"的辩证工作方法。

（一）解决民生问题要尽力而为

增进民生福祉、促进人的全面发展，朝着共同富裕的方向稳步前进，是经济发展的出发点和落脚点。改善民生与发展经济相互关联。一方面，经济发展是前提，是一切发展的物质基础，改善民生必须建立在稳固的经济基础和现实的国家财力之上。另一方面，做好经济社会发展工作，民生是"指南针"和重要的衡量标尺。持续不断地改善民生，既能有效解决人民群众的后顾之忧，调动人们发展生产的积极性，又能释放居民的消费潜力、拉动内需，催生新的经济增长点，为经济发展、转型升级提供强大的内生动力。

树立正确的政绩观，就是要尽力做好重点帮扶，托牢民生之底。在新冠肺炎疫情防控常态化的情况下，经济困难凸显。党员干部负有保障基本民生的责任，要把困难人群的基本生活保障摆在重要的地位，确保养老金按时足额发放，确保零就业家庭动态清零，有效解决进城务工人员子女上学难等问题，兜住基本民生底线，尽快补齐民生短板。医疗、养老、育幼等是老百姓朝夕面对的生活问题，要让老有所养、幼有所托、病有所治、残有所依，为生活困难人群构建坚实的托底保障。树立正确的政绩观，就是要尽力扩大就业岗位，夯实民生之基。树立正确的政绩观，就是要尽力推动产业发展，把握民生之舵。经济发展是推动民生事业发展的根本动力，要以产业发展促民生，以社会事业发展惠民生，以政策安排保民生。

全国优秀县委书记廖俊波为全国党员干部树立了尽力而为做好民生工作的好榜样。年逾古稀的张承富家住福建省政和县七星溪边，溪水卫生条件差、雨季水位大涨，一直困扰着老人和周边居民。2015年5月，张承富抱着试试看的态度给廖俊波发了一条短信，希望改善周边居住环境。廖俊波很快回复了他，还邀请他到办公室面谈。在廖俊波的推动下，当年的腊月二十七，一条崭新的栈道建成。张承富满怀感激地写了一副对联贴在门口："当官能为民着想，凝聚民心国家强"，横批"俊波您好"。①找廖俊波帮忙的群众数不胜数，他从来都不厌其烦、帮忙到底。廖俊波经常对身边的干部讲，"群众遇到困难来找我们的时候，一定要换位思考，想想如果我们站在他们的位置上该怎么办，这时候你就一定会尽心尽力帮他们去办事"。他是这么说的，也是这么做的。廖俊波走到哪里，哪里就会大变样。在邵武市任副市长期间，他创造性地提出建设专业化产业平台，新建了占地26平方千米的省级循环经济园区，规模工业产值三年翻了几番；他先后化解原国有企业不良债务1.3亿元，盘活工业用地近200亩，为13家担保企业解除了债务链。

2015年6月，廖俊波被中共中央组织部授予"全国优秀县委书记"称号。2017年3月18日，廖俊波在赶往武夷新区主持召开会议途中不幸发生车祸，因公殉职。习近平就廖俊波先进事迹作出重要指示强调，廖俊波同志任职期间，牢记党的嘱托，尽心尽责，带领当地干部群众扑下身子、苦干实干，以实际行动体现了对党忠诚、心系群众、忘我工作、无私奉献的优秀品质，无愧于"全国优秀县委书记"的称号。广大党员干部要向廖俊波同志学习，不忘初心、扎实工作、廉洁奉公，身体力行把党的方针政策落实到基层和群众中

---

① 王成：《廖俊波：真心实意 为民造福》，《人民日报》，2020年7月14日。

去,真心实意为人民造福。

尽力而为是一种求真务实的姿态。"群众利益无小事""民生问题无小事""权为民所用,利为民所谋""民生优先",不是空洞的口号,而是我们奋斗的目标、行动的指南、前进的方向。尽力而为是勇于担当的责任。勇于负责,敢于较真,善于探索,勤于实践,从点滴做起,尽到自己的最大努力,并以此调动人民群众参与的积极性、主动性、创造性。尽力而为是一种主动积极的作为,尽力而为是解决民生问题的"加速器""助推器"。积极主动作为就是要消除被动作为、不作为,甚至乱作为,要具体作为、创新作为。

我国社会主要矛盾已经转化为人民日益增长的美好生活需要和不平衡不充分的发展之间的矛盾,人民对美好生活的需要不断提高。"十四五"时期我国将进入新发展阶段,党的十九届五中全会紧紧抓住我国社会主要矛盾,深入贯彻新发展理念,回应人民群众的诉求和期盼,对"十四五"时期我国国民经济和社会发展与2035年远景目标作出系统谋划和战略部署。全会通过的《建议》,以满足人民日益增长的美好生活需要为根本目的,贯穿了以人民为中心的发展思想,明确了"十四五"时期"民生福祉达到新水平"的目标任务。每名党员干部都要立足本职工作岗位,尽力而为,切实为让民生福祉达到新水平贡献自己的力量。

(二)解决民生问题要量力而行

解决民生问题要量力而行,就是要坚持实事求是的原则,不许超出预期的诺言,不提不切实际的目标,不定达不到的标准,不做超出能力范围的事情。解决民生问题不能一蹴而就,要按照党的十九大报告的要求,"一件事情接着一件事情办,一年接着一年干"。民生问题要通过完善公共服务体系,不断满足人民日益增长的美好生活需要。例如，现行扶贫标准能够达到全面小康生活的基本要求，在国际上也是一个高的标准。实现这个标准下的脱贫是了不起的成就，也是不容易实现的，因此必须量力而行。越往后，扶贫减贫任务复杂程度越高，民众的期望也越高。习近平强调，扶贫工作"既要下决心消除绝对贫困，又不能把胃口吊得太高，使大家期望值太高，力不从心。小马拉大车，你拉不动，拉不动的结果是好心没办成好事"①。"不吊高胃口"就是为了防止脱贫走向过度福利，扶贫要考虑到各地实际的经济发展状况。义务教育有保障，就是让贫困家庭的孩子能够接受九年义务教育，但不是把学前教育、高中、大学都包起来；基本医疗有保障，就是让贫困人群常见病、多发病能看得起，即使得了大病基本生活还能过得去，但不是由政府把所有看病的钱都包起来；住房安全有保障，就是让贫困人口不住危房、茅草房，但不是要住超标准的大房子。不因病因学致贫返贫，是指不回到绝对贫困的状态，不会吃不饱饭穿不暖衣。我们向群众承诺了，就一定要做到，做不到就不要乱承诺。如果吊起了一些群众的胃口，自己又做不到，就会造成难以估量的被动局面和负面影响。

脱贫攻坚强调的是精准扶贫、量力而为，不能"小马拉大车"，做超出自己能力的事情。但有的地方急躁冒进、好大喜功；有的业绩不够数据凑，在统计表格上做文章；有的扶贫没有长远规划，只满足于送物送钱，把"送"当作扶；还有的为了追求快速脱贫，只盯着"短平快"项目，而忽视责任大、难度大的项目。这些不自量力造成扶贫泡沫，为扶贫而扶贫，没有从根本上下功夫，很难得到群众的认可，更经不起历史的检验。

在此方面，我们必须警惕重蹈拉美、欧洲一些国家因实施过度福利政策而拖累经济发展的覆辙。"高福利陷阱"是指这些国家违背了"量入为出"的

---

① 《习近平在甘肃代表团参加审议》，《人民日报》，2019年3月8日。

基本法则,为本国人民提供了远非政府财力能够负担的福利。由于这些民众享受的福利标准过高,压垮了财政,结果陷入寅吃卯粮的恶性循环。而这些国家经济发展状况不理想,没有足够的经济实力作支撑,结果许诺没有办到,或者贷款发福利,不仅造成了巨大的财政负担,而且造成国民惰性,甚至产生了道德滑坡。

(三)抓住人民群众最关心最直接最现实的利益问题

党的十八大以来,我国经济建设取得重大成就,发展质量和效益不断提升,一大批惠民举措落地实施,人民生活明显改善。在新起点上提高保障和改善民生水平,必须抓住人民群众最关心最直接最现实的利益问题。

党的十八大以来群众最关心最直接的问题,从总体上看,突出表现为"三感""六面""七有"。所谓"三感",即"获得感、幸福感、安全感"。幸福感来自获得感和安全感,获得感来自我国创造出的"经济快速发展的奇迹",安全感来自我国"社会长期稳定的奇迹"。"六面",体现在全面解决人民群众关心的教育、就业、收入、社会保障、医疗卫生、食品安全问题上。所谓"七有",即"幼有所育、学有所教、劳有所得、病有所医、老有所养、住有所居、弱有所扶"。当然,不同地域的人民群众关注的具体现实生活问题不同,例如北方地区的冬季清洁取暖、南方地区的防洪防汛、平原地区的沙尘防治、山地的泥石流治理等。直面并着力解决人民群众关心的这些现实问题,就是以人民为中心的发展思想落地生根的具体体现。

脱贫攻坚,来不得半点投机,注不得半点水分。把心思放正,老老实实,像耕种苗圃那样,耐心浇水、细心施肥,才能换来满园青翠,而不只是搞摆设。例如有一个山区贫困村,村民想发展生态旅游。扶贫资金到位后,村民希望铺地下管道，方便污水排放。乡里的干部却坚决不同意，他们认为把钱埋在地下，上级来检查，没有什么可看的项目，以后也不会给钱，所以要求村民先把沿街院墙粉刷一新，还建了一个亮眼的广场。又如，有个贫困移民村，村民大多想撤到自家的果园旁，方便管理。县里却"引导"部分村民搬到离果园很远的马路边，将这个村定为"一把手"联点村，并要求各部门和企业积极捐款，献爱心。把这个村打扮得"花枝招展"，还常常引导上级领导到此调研。实际上，这个村的马路旁边还有大量的困难户。扶贫是慢工出细活，脱贫是病去如抽丝。不能找准病灶开药方，无法拿出健身强体的办法，心思难免花在虚功上。所以，必须抓住人民群众最关心最直接最现实的利益问题。

抓住这些最直接最现实的利益问题，还要坚决反对不顾民生，搞标志性建筑先行和景观亮化工程的做法。在一些地方，特别是贫困地区、欠发达地区城镇建设中存在着的这些问题，不仅造成国家财力和社会资源的浪费，而且助长了弄虚作假、奢侈浪费的不良风气。湖南省汝城县两个自然村的一些村民家里还没有通电，25户67人仅靠山泉水发电和点煤油灯照明。该县原主要领导虽然定下了2018年实现贫困人口全部脱贫的目标，但并没有把主要心思和精力放在摘掉国家级贫困县的"帽子"上，而是置贫困户的实际困难于不顾，在县城大举修建广场公园、市政道路项目，甚至违规修建办公楼群，几乎一半的资金都用在了城市建设和开发上，而用在培植财富、促进产业发展方面的资金还不到6%。

一方面是群众对这种不顾实际、劳民伤财的"面子工程""政绩工程"非常不满。另一方面，一些地方党员干部却图形式、要"脸面"，追求一时的、表面的光鲜。诚然，必要的亮化工程可以搞，但必须从实际出发，作出科学、合理的规划设计，特别是要符合城镇发展规律，不超出当地财力和资源环境承载力，当然还需要广泛听取群众意见。中央"不忘初心、牢记使命"主题教育领导小组印发的《关于整治"景观亮化工程"过度化等"政绩工程"、"面子工程"问题的通知》,要求把整治"景观亮化工程"过度化等"政绩工程""面子工程"问题纳入主题教育专项整治内容,深化学习教育,抓好自查评估,认真整改规范,加强督促指导,从严从实抓好整治工作。各级党员干部要深入学习贯彻党的十九届五中全会精神,坚持以人民为中心的发展思想,践行为人民服务的宗旨,牢固树立正确的政绩观,筑牢高质量发展的根基。要根据本地经济发展现状和财力水平,量力而行推动城市建设和各项事业,把财力真正用到民生急需领域,把惠民生、补短板作为建设的重点,切实解决好人民群众的操心事、烦心事、揪心事,不断增强人民群众的安全感、获得感、幸福感。

二、在发展中实现生态效益

习近平在参加十三届全国人大三次会议内蒙古代表团审议时强调,"必须把为民造福作为最重要的政绩""生态环境保护就是为民造福的百年大计",为我国经济社会发展指明了方向,各级党员干部要用绿色政绩为民造福。

(一)环境保护必须有作为

良好的生态环境是最公平的公共产品,是最普惠的民生福祉。推动经济社会发展,归根到底是为了不断满足人民对美好生活的需要;而在人民对美好生活的需要中,日益增长的优美生态环境需要是一项重要的诉求。党团结带领人民进行革命、建设、改革,根本目的就是让人民过上好日子;假如为了GDP牺牲了生态环境,到处是雾霾、黑臭的水体、被污染的土壤,那么人民群众就没有好日子可言。保护好生态环境就是为人民群众造福,生态优先就是人民至上的生动体现。让绿色政绩多一点,人民的满意才会多一点,离好日子也就会更近一步。树立绿色政绩观,就是要坚决远离破坏生态红线的触雷行为。2020年4月20日,习近平在陕西考察调研时强调,"秦岭违建是一个大教训。从今往后,在陕西当干部,首先要了解这个教训,切勿重蹈覆辙,切实做守护秦岭生态的卫士"①。

对自然生态保护这道红线,习近平从来都是零容忍。从秦岭违建别墅到祁连山生态环境被破坏,从洞庭湖下塞湖非法矮围到腾格里沙漠污染等,习近平对破坏生态问题始终毫不姑息、一抓到底,释放出生态红线不可逾越的强烈信号。这些年,全国各地对影响生态环境的建筑,特别是形形色色的违建,主动进行集中大排查、大整治和大拆除,以零容忍的态度,坚决保护生态环境,得到了广大人民群众的热切回应和支持。树立正确的政绩观,就是本着对生态建设高度负责的态度,慎终如始,绝不能踩着西瓜皮往下溜,而是要继续爬坡过坎。只有自觉地把这项工作放在大局中从长远考量,党员干部才能做出经得住历史检验的政绩。

树立绿色政绩观,就是要准确把握保护区的开发限度。2020年3月31日,习近平在浙江杭州西溪国家湿地公园考察时指出:"发展旅游不能牺牲生态环境,不能搞过度商业化开发,不能搞一些影响生态环境的建筑,更不能搞私人会所,让公园成为人民群众共享的绿色空间。"②要加强监管,保持对违法违规活动的查处打击力度,对于违法开发、违规调整等行为,要坚决予以制止和打击。同时加大信息公开力度,陆续将自然保护区开发建设活动

---

① 中共中央党史和文献研究院第七研究部:《全面建成小康社会通俗读本》,中央文献出版社,2022年,第298页。

② 习近平:《让湿地公园成为人民群众共享的绿意空间》,新华社,2020年4月1日。

专项检查情况向社会公布,接受公众监督。

树立绿色政绩观,就是要全面做好生态修复工作。利用生态系统的自我恢复能力,辅以人工措施,使遭到破坏的生态系统逐步恢复。生态修复工作是党员干部创建绿色政绩的重要内容。国家主席习近平在 2017 年新年贺词中发出"每条河流要有'河长'了"的号令。近年来,大量的党员干部献身治河线,成为万千护河大军中的一员、为美丽河流建设作出了重要贡献。他们日复一日地巡查、定位、记录、监控、处理,一步一个脚印,还河流以健康,还人民以美景。

在世界经济下行的形势下,习近平仍然频频考察和强调污染治理、生态保护。2020 年 3 月 30 日,习近平在浙江省安吉县余村考察时强调,"绿水青山就是金山银山"理念已经成为全党全社会的共识和行动,成为新发展理念的重要组成部分。实践证明,经济发展不能以破坏生态为代价,生态本身就是经济,保护生态就是发展生产力。这充分说明,决不能因为经济社会发展压力加大而放松对环境治理的要求,决不能半途而废、重回老路,而要咬定青山不放松,在遇到困难时不退缩、不动摇,把生态文明建设不断向前推进。

(二)环保工作杜绝"一刀切"

各级党员干部要树立绿色政绩观,但也不能完全漠视群众利益,盲目走极端。所谓环保"一刀切"是指在中央环保督察压力下,地方政府担心问责而采取一律停工、停业、停产等方式应对考核的行为。[①]出现这种行为的根源在于错误的政绩观:在政府行政权力的主导下,有些党员干部往往不考虑企业和群众的利益,背离了以人民为中心的发展思想,只看上级,不顾群众,严重

---

① 任克强:《环保"一刀切"本质是形式主义官僚主义》,《学习时报》,2020 年 1 月 2 日。

伤害了人民群众的感情。有的党员干部施政思路简单粗暴,对一线参与治理的人员采取限期整改、盲目问责等强压方式;对企业一律先关停,党员干部被动应付又不想担当,致使各级政府层层加码,以暂时管控代替长效治理。这样的环保"一刀切"往往会造成当地经济下滑甚至停滞,人民生活受到严重影响,相关产业受到严重打击,对党和政府的形象造成恶劣影响,并产生负面的示范效应。

生态文明建设是关系到中华民族永续发展的千秋大计,但在实际工作中也不能罔顾生态文明建设的长期性规律,决策部署过于求急求快。企业的技术更新、群众绿色生活观念和方式的形成,往往都需要较长的历史过程。如果政令下达层层加码,最终会导致为完成任务采取简单粗暴的"一刀切"做法。对于基层党员干部而言,环保"一刀切"表面上是完成上级下达的考核任务,对上级负责,实质上则是政绩观出了偏差。平时不作为,应对考核时又不敢担责,事实上是懒政怠政的表现,本质是形式主义、官僚主义。

2018年5月,生态环境部印发《禁止环保"一刀切"工作意见》,对禁止环保"一刀切"提出明确要求。环保"一刀切"表面上是落实上面的督察整改要求,见效很快,但由于违背客观规律,实则常常成为劳民伤财的乱作为。随后,生态环境部又牵头开展"解决对群众反映强烈的生态破坏和环境污染问题不闻不问、敷衍整改问题,坚决纠正生态环境保护平时不作为、及时'一刀切'问题"的专项整治。我们必须认真查找生态环保工作中存在的问题,拿出切实有效的治污措施,树立起正确的政绩观,才能从根本上杜绝"一刀切"现象,推动环境质量持续改善。

环境保护需要每一名环保战线的党员干部脚踏实地地开展工作。治污是攻坚战,治污更是持久战。在这场关乎蓝天净水黑土的战斗中,无数环保工作人员付出了自己的心血。甘肃省兰州市生态环境监测中心副站长马敏泉就是其中的一位。1981年，马敏泉进入甘肃环境监测中心工作后，一直奋斗在环境监测一线，先后在水质分析室、大气室、质量控制室，承担水质分析、自动监测及质量控制体系建设等工作。无论在哪个岗位上，面对繁杂的工作任务，马敏泉都爱岗敬业、勤勤恳恳、兢兢业业、尽职尽责、任劳任怨。作为一名老党员、一名环保"老兵"，他时时身先士卒，处处起模范带头作用。每年马敏泉经手的污染源、地表水、饮用水、工程验收、环境应急等监测报告都有四五百份，一份报告中有一万多个数据。马敏泉主动承担了兰州核心工业区的巡查任务，一到冬季打响大气污染防治攻坚战时，他就要离家5个月，驻守在工业区。在环境保护战线工作，就是要有这样饱满的热情和科学的方法，马敏泉为广大党员干部树立了光辉典范。

（三）努力打好生态文明攻坚战和持久战

环境治理既要打攻坚战又要打持久战。一方面，要坚决树立"良好生态环境是最公平的公共产品，是最普惠的民生福祉"的理念，切实把公共财政向重大生态工程项目倾斜，建设好生态环境的基础设施。另一方面，由于环境治理与地方经济发展及居民生活息息相关，要把握好治理节奏，统筹考虑环境治理与经济社会发展的均衡，评估好政策影响，平衡好环境治理和经济民生建设的关系。

作为"绿水青山就是金山银山"理念的发源地、全国生态文明建设的先行地，近年来，浙江省不断深化环境治理，用一系列生动实践打好生态文明建设攻坚战和持久战。从2018年10月开始，浙江省启动全域土地综合整治与生态修复工程三年行动计划（2018—2020年），首批工程150个，涉及148个乡镇（街道）、657个行政村，土地面积408万亩，计划总投资339亿元。作为全域土地综合整治与生态修复工程之一，衢州市衢江区富里村等5村实施的工程项目，完成高标准农田建设4850亩、垦造耕地4541亩、旱地改水田800亩，盘活农村建设用地22亩，农村拆违治违3.2万平方米，开展美丽河湖建设2235亩。到2020年8月，浙江省这一三年行动计划已经取得了很好的成效，近三年已累计验收新增耕地8.55万亩。这些都是浙江生态战线的党员干部求真务实、艰苦奋斗的结果。

生态环境治理不仅要干好生态系统修复的攻坚大事，也要办好与人民生活息息相关的小事。久久为功办好日常小事，终能成就生态文明建设的大事。2019年6月初，习近平对垃圾分类工作作出重要指示，强调要培养垃圾分类的好习惯，全社会人人动手，一起来为改善生活环境作努力，一起来为绿色发展、可持续发展作贡献。做好垃圾分类，生活可以变得更美。如今在中国，垃圾分类是"新时尚"，也是"攻坚战"。从大处着眼，从小处用力，一场垃圾分类的全民行动、建设美丽中国的生动实践正在中国各地展开。广大党员干部要在打好生态文明攻坚战和持久战中率先垂范，创造出利国利民利长远的绿色政绩。

三、在发展中促进社会全面进步

党的十九大报告提出，要建设人民满意的服务型政府。服务型政府是以社会发展和人民群众的共同利益为出发点，以为人民服务为宗旨并承担服务责任的政府。对于各级党员干部来说，树立正确的政绩观就是要统筹兼顾，在推动经济社会发展的过程中筑牢社会进步的健康之基、安全大门，加强和创新社会治理。同经济增长、生态效益和民生改善一样，促进社会全面进步也是重要的政绩。

(一)在发展中筑牢社会全面进步的健康之基

人民安全是国家安全的基石,人类健康是社会全面进步的基础。习近平指出:"拥有健康的人民意味着拥有更强大的综合国力和可持续发展能力。如果人民健康水平低下,如果群众患病得不到及时救助,如果疾病控制不力、传染病流行,不仅人民生活水平和质量会受到重大影响,而且社会会付出沉重代价。"①

在一些党员干部心中,还是习惯性地突出经济建设方面的政绩,忽视公共服务政绩。例如 2020 年 1 月 7 日,正当新冠肺炎疫情暗中发作的时候,湖北省武汉市召开"两会",政府工作报告中涉及医疗卫生的内容只有 43 个字:"完善公共卫生服务体系,加强疾病预防控制体系建设,提高突发公共卫生事件应急处置和医疗救治能力。"实际上,武汉市在公共服务支出方面是长期欠债的。在人民群众的健康受到重大威胁的时刻,部分党员干部藏着掖着,瞒报漏报,没有站在大局看问题,在"稳定压倒一切"的思维定式下封锁消息,说到底还是扭曲的政绩观在作祟,没有真正把人民的利益摆在第一位。

新冠肺炎疫情期间,部分地方、基层反映最多的有三个问题:一是开会抗疫,有的部门召开会议布置抗疫工作,在会上花很长时间念文件;二是文件抗疫,有的基层一天收到十来个部门的文件,都是安排防疫工作的,但没有切实帮助基层解决实际问题;三是填表抗疫,有的地方要求基层填数据、表格或者材料,甚至重复填写、重复报送相同或相似的数据和材料。对这些问题必须严肃处理,严惩不贷。据公开报道显示,抗疫斗争开展不到一个月,

① 《习近平关于社会主义社会建设论述摘编》,中央文献出版社,2017 年,第 100 页。

防控任务较重的湖北、广东、浙江等6省市纪委监委,共查处疫情防控不力等问题九千六百余起,多名干部因疫情防控不力被问责,甚至免职。

防范化解风险,化解的是人民群众面临的风险,而不是党员干部保住自己职位的风险。摆正政绩观,防疫工作的重点就应放在解决基层面临的突出问题上,要务实避虚,给基层减减负。

习近平回顾这次抗击新冠肺炎疫情的伟大斗争时,深刻指出:"人民至上、生命至上,保护人民生命安全和身体健康可以不惜一切代价。"①防范化解重大疫情和突发公共卫生风险,事关国家安全和发展,事关社会政治大局的稳定。

人民健康是最宝贵的财富。新长征路上,始终坚持以人民为中心的发展理念,把人民健康放在优先发展的战略地位,着力构建起强大的公共卫生体系,努力做到全方位、全周期保障人民健康,如此才能凝聚起万众一心、攻坚克难的磅礴力量,战胜一切风险和挑战,创造更加美好的生活。

(二)在发展中守好社会全面进步的安全大门

从世界范围看,政局动荡、社会动乱,不仅使许多国家失去了发展机遇,也给这些国家的人民带来深重灾难。习近平主政浙江期间就提出:"富裕与安定是人民群众的根本利益,致富与治安是领导干部的政治责任。"②推进经济发展是政绩,维护社会和谐稳定同样是政绩。树立正确的政绩观,要学会"十指弹琴",把建设平安社会、促进和谐稳定放在十分重要的位置,努力做

---

① 《坚持人民至上 不断造福人民 把以人民为中心的发展思想落实到各项决策部署和实际工作之中》,《人民日报》,2020年5月23日。

② 习近平:《之江新语》,浙江人民出版社,2007年,第52页。

好这方面工作。

近年来,我国安全生产形势持续稳定好转,全国事故总量和较大事故、重大事故数量逐步下降。但近年发生的几起重大安全事故,多被认定为安全责任事故,主要原因还是安全监管的意识出了偏差,安全监管责任落实不够。

2018 年 4 月,中共中央办公厅、国务院办公厅印发了《地方党政领导干部安全生产责任制规定》,明确界定了地方党政领导干部安全生产的职责、考核考察、表彰奖励、责任追究,对地方党政领导干部的安全生产责任提出了明确要求。党员干部不仅要管"增"产,而且要"防"患。树立正确的政绩观,不能只盯着产量、客流量、销售量,还要健全落实安全生产责任制,树立安全发展理念,做好安全生产工作。要通过关口前移、预防为主、风险防控,进一步防止各类突发事件的发生。可以说,早期防控、防患于未然将成为国家应急能力建设的重中之重。

再小的事一旦没人管,就会变成大事。再大的事只要有人管,也会变成小事。人民群众的美好生活,也体现在毫不放松对安全的不懈追求,决不放弃对每个生命的悉心呵护。人命关天,发展决不能以牺牲人的生命为代价,这是一条不可逾越的红线。

树立正确的政绩观,要牢牢守住安全生产的底线,切实维护人民群众的生命财产安全。习近平强调,生命重于泰山。各级党委和政府务必把安全生产摆到重要位置,树牢安全发展理念,决不能只重发展不顾安全,更不能将其视作无关痛痒的事,搞形式主义、官僚主义。当前,在巩固发展疫情防控和经济社会发展成果的关键时期,更好地统筹发展和安全。各级党员干部要坚持以习近平新时代中国特色社会主义思想为指导,认真贯彻落实党中央、国务院决策部署,树牢安全发展理念,层层压实责任,深入排查各领域各环节的安全生产隐患,全面开展安全生产专项整治三年行动,坚持系统治理、精准施策,扎实推进重点领域安全整治,确保见到实效;加快建立健全安全生产责任和管理制度体系、隐患排查治理和风险防控体系,加强监管执法和安全服务,坚决遏制重特大事故发生,切实维护人民群众的生命财产安全。

(三)在发展中加强和创新社会治理

习近平强调,创新社会治理,要以最广大人民的根本利益为根本坐标,从人民群众最关心最直接最现实的利益问题入手。现在,基层社会治理体系中存在不少问题,必须通过改革加以解决。

"十四五"时期,应坚持人民至上,从多元共建、有效共治、社会共享三方面发力,力争通过五年努力,在社会治理的重点领域和薄弱环节取得突破性进展,为基本实现社会治理现代化奠定坚实基础。各级党员干部要在推动经济发展的过程中,积极推进社会治理薄弱环节取得重大进展。

树立正确的政绩观,在社会治理中不能折腾群众。各类奇葩政策文件、奇葩规定的出现证明,在一些地方错误的政绩观仍在折腾群众。有的奇葩文件公然侵犯私人领域,凭借行政权力对公民权益粗暴干涉。贵州省遵义市凤冈县曾以县委、县政府的名义下发"红头文件",要求"复婚不准操办酒席,双方均为再婚的不准操办酒席",这一要求被认为涉嫌公权力滥用,逾越公权力运行的应有边界。有的政策看似未逾越公权力边界,却缺乏科学性和可行性,暴露出权力的任性。前不久,为了让城区门店牌匾"整齐好看",西部某县工商局发布公告,要求县城门头牌匾统一为"长度不限,高度 1.5 米,厚度 0.15 米,底边对齐,不得随意增高或降低;门牌之间不留空隙,底色为红色"。还有的文件要求,"就业、入学须提供父母无犯罪记录证明"等。

这些文件,看似为了规范各项秩序,实际上是在社会治理中的瞎指挥和乱折腾。许多政策其实就是行政不作为或行政乱作为，是"懒政庸政"最直接的体现，它会影响当地经济社会的发展，成为发展"软环境"的瓶颈。

树立正确的政绩观，就是尽最大努力方便群众。近年来，"门难进、脸难看、事难办"的情况有了根本好转，不少地方用行动践行以人民为中心的发展思想。但现实中，个别党员干部还是存在"刁难群众"的陋习，如"办证难"问题。党员干部须与时俱进，充分运用网络平台，打破部门界限，实现数据资源集中归集和跨层级、跨部门互认共享，加快推进审批及服务事项网上申报、网上咨询、网上办理、网上支付、网上反馈，打破"信息壁垒"，让信息"跑"起来，使办事群众"只跑一次"，甚至"零跑路"。只有切实把"民之所忧，我之所思"的各项改革措施落实落细，人民群众的获得感、幸福感才能更加充实、更有保障、更可持续。"十四五"时期，各级党员干部要加强城乡社区治理和服务体系建设，减轻基层特别是村级组织负担，加强基层社会治理队伍建设，构建网格化管理、精细化服务、信息化支撑、开放共享的基层管理服务平台。要加强和创新市域社会治理，推进市域社会治理现代化。

党员干部要系统推进工作，做到统筹兼顾，在发展中保障和改善民生、在发展中实现生态效益、在发展中促进社会全面进步，才能赢得人民的好口碑，取得人民满意的真政绩。

四、在创新发展中谱写崭新篇章

党的二十大是在全党全国各族人民迈上全面建设社会主义现代化国家新征程、向第二个百年奋斗目标进军的关键时刻召开的一次十分重要的大会，习近平在党的二十大报告中对中国式现代化作出重要论述，鲜明指出：

"从现在起，中国共产党的中心任务就是团结带领全国各族人民全面建成社会主义现代化强国、实现第二个百年奋斗目标，以中国式现代化全面推进中华民族伟大复兴。"①广大科技工作者要坚持以习近平新时代中国特色社会主义思想为指导，深入学习贯彻党的二十大精神，为全面建设社会主义现代化国家、全面推进中华民族伟大复兴贡献智慧和力量。

（一）深刻理解和把握中国式现代化的中国特色

世界上既不存在定于一尊的现代化模式，也不存在放之四海而皆准的现代化标准。习近平指出："中国式现代化，是中国共产党领导的社会主义现代化，既有各国现代化的共同特征，更有基于自己国情的中国特色。"②我们要深刻理解和把握中国式现代化的中国特色，将中国式现代化的丰富内涵和实践要求融入我国发展的各领域各方面各环节。

第一，我国是人口规模巨大的现代化。中国是世界上人口最多的发展中国家。习近平指出："我国14亿人口要整体迈入现代化社会，其规模超过现有发达国家的总和，将彻底改写现代化的世界版图，在人类历史上是一件有深远影响的大事。"③让14亿多人口整体迈入现代化，其发展任务之重、协调难度之大、潜在优势之强前所未有。推进中国式现代化，要始终坚持以人民为中心的发展思想，站稳人民立场，提高公民科学文化素质，加快从人力资源大国迈向人力资源强国。

---

① 习近平：《高举中国特色社会主义伟大旗帜　为全面建设社会主义现代化国家而团结奋斗——在中国共产党第二十次全国代表大会上的报告》，《人民日报》，2022年10月17日。

② 习近平：《高举中国特色社会主义伟大旗帜　为全面建设社会主义现代化国家而团结奋斗——在中国共产党第二十次全国代表大会上的报告》，《人民日报》，2022年10月17日。

③ 习近平：《众望所归引领中国新征程》，新华社，2023年3月15日。

第二，我国是全体人民共同富裕的现代化。共同富裕是中国特色社会主义的本质要求。习近平指出："我国现代化坚持以人民为中心的发展思想，自觉主动解决地区差距、城乡差距、收入分配差距，促进社会公平正义，逐步实现全体人民共同富裕，坚决防止两极分化。"①中国式现代化是全体人民共同富裕的现代化，不能只是少数人富裕，而是要让全体人民共同富裕。我们要深刻认识到，促进全体人民共同富裕是一项长期任务，要将其摆在更加重要的位置，让现代化发展成果包括科技发展成果更多更公平惠及全体人民，努力以科技创新提升人民群众幸福指数。

物质文明和精神文明相协调的现代化。现代化不仅是物质财富的积累，也是精神文明的发展。习近平指出："我国现代化坚持社会主义核心价值观，加强理想信念教育，弘扬中华优秀传统文化，增强人民精神力量，促进物的全面丰富和人的全面发展。"②实现中华民族伟大复兴，既需要强大的物质力量，也需要强大的精神力量。实现物质文明和精神文明相协调的中国式现代化，要增强全体人民的文化自信、文化自觉和文化凝聚力，提高国民思想道德素质、科学文化素质，在社会主义现代化建设中随着物的全面丰富不断提高社会文明程度。

人与自然和谐共生的现代化。生态环境是人类生存最为基础的条件，是我国持续发展最为重要的基础。习近平指出："我国建设社会主义现代化具有许多重要特征，其中之一就是我国现代化是人与自然和谐共生的现代化，注重同步推进物质文明建设和生态文明建设。"③人与自然和谐共生的现代化，是可持续发展的现代化，要走生产发展、生活富裕、生态良好的文明发展

---

① 习近平：《新发展阶段贯彻新发展理念必然要求构建新发展格局》，《求是》，2022年第17期。
② 《让中华民族精神的大厦巍然耸立》，《人民日报》，2022年3月2日。
③ 《习近平主持中央政治局第二十九次集体学习并讲话》，新华社，2021年5月1日。

道路。推进人与自然和谐共生的现代化，离不开科技的创新引领。我们要坚持"四个面向"，推动经济社会发展全面绿色转型，形成绿色发展方式和生活方式，为绿色发展提供有力的科技支撑。

走和平发展道路的现代化。中国式现代化决不会以牺牲别国利益为代价来发展自己。习近平指出："我国现代化强调同世界各国互利共赢，推动构建人类命运共同体，努力为人类和平与发展作出贡献。"①中国式现代化摒弃了西方以资本为中心的现代化、两极分化的现代化、物质主义膨胀的现代化、对外扩张掠夺的现代化老路，为促进人类文明进步贡献了中国智慧和中国方案。我们要充分发挥科技人文交流优势，拓展开放信任合作，更加主动深入参与全球科技治理，让科技发展造福世界，为人类和平与发展贡献中国力量。

(二)坚持创新在我国现代化建设全局中的核心地位

未来 5 年是全面建设社会主义现代化国家开局起步的关键时期，搞好这 5 年的发展对于实现第二个百年奋斗目标至关重要。习近平指出："坚持创新在我国现代化建设全局中占据核心地位。"②科技创新是经济社会发展的重要引擎，是应对许多全球性挑战的有力武器。以中国式现代化全面推进中华民族伟大复兴，要在更高层次、更大范围发挥科技创新的引领作用，完善党中央对科技工作统一领导的体制，牢牢把握战略主动，持续提升科技自主创新能力。

完善党中央对科技工作统一领导的体制。党的十九大确立了到 2035 年跻身创新型国家前列的战略目标。党的二十大对完善科技创新体系作出新

---

① 《习近平谈治国理政》(第四卷)，外文出版社，2022 年，第 124 页。
② 李忠杰：《二十大关键词》，人民出版社，2023 年，第 169 页。

的部署,要求完善党中央对科技工作统一领导的体制。完善科技创新体系、加快实现高水平科技自立自强是深刻的系统性变革,必须以强有力的国家战略意志和体制机制作保障,必须始终坚持党的全面领导。新征程上,要完善党中央对科技工作统一领导的体制,健全党对科技工作的领导体制机制,发挥党的领导政治优势,观大势、谋全局、抓根本,为我国科技事业发展提供坚强政治保证。

牢牢把握战略主动。我国发展进入战略机遇和风险挑战并存、不确定难预料因素增多的时期。紧紧抓住机遇、有效应对挑战,牢牢把握战略主动,对于推进中国式现代化具有重要意义。我们要用全面、辩证、长远的眼光看问题,坚定战略定力,坚持把国家和民族发展放在自己力量的基点上、把中国发展进步的命运牢牢掌握在自己手中。当前,新一轮科技革命和产业变革加速演变,更加凸显了加快提高我国科技创新能力的紧迫性。我们要紧紧抓住这一历史性机遇,顺应当代科技革命和产业变革大趋势,牢牢把握战略主动,在一些优势领域打造"长板",加速科技成果向现实生产力转化。

持续提升科技自主创新能力。习近平指出:"从最初提出'四个现代化'到现在提出全面建设社会主义现代化强国,科学技术现代化从来都是我国实现现代化的重要内容。"①党的十八大以来,科技创新取得新的历史性成就证明,我国自主创新事业是大有可为的。科技界要坚持建设世界科技强国的奋斗目标,提升国家创新体系整体效能,增强自主创新能力,强化建设世界科技强国对建设社会主义现代化强国的战略支撑,掌握全球科技竞争先机,加强基础研究、鼓励自由探索,为在更高层次、更大范围发挥科技创新的引领作用作出更大贡献。

---

① 习近平:《在科学家座谈会上的讲话》,人民出版社,2020年,第3页。

（三）更好服务加快实现高水平科技自立自强

蓝图已经绘就，奋斗正当其时。习近平指出："当前最重要的任务，就是撸起袖子加油干，一步一个脚印把党的二十大作出的重大决策部署付诸行动、见之于成效。"①我们要深入学习贯彻党的二十大精神，坚持不懈用习近平新时代中国特色社会主义思想武装头脑、指导实践、推动工作，充分发挥科技组织的开放型、枢纽型、平台型组织优势，更好地服务加快实现高水平科技自立自强、以中国式现代化全面推进中华民族伟大复兴。

坚持为科技工作者服务。广大党员干部要切实肩负起党和政府联系科技工作者的桥梁和纽带职责，团结爱国奉献的各方面优秀科技人才，服务国家发展大局。推动习近平新时代中国特色社会主义思想学习贯彻在科技界走深走实走心，弘扬新时代科学家精神，更好地激励释放科技人才的创造力和创新活力。在联系服务科技工作者"亲"和"紧"上下功夫，既努力把国家实验室、国家科研机构、高水平研究型大学、科技领军企业等国家战略科技力量广泛联系起来，又加大对新型研发机构、非公有制企业和高新技术企业的服务覆盖，增强企业科技人员创新创业能力。

坚持为创新驱动发展服务。广大党员干部要增强服务创新驱动发展实效，发挥科技社团在科技创新型举国体制中的作用，加强前瞻研判，紧密围绕"四个面向"，紧跟科技创新前沿步伐。加快完善科技类公共服务产品体系，促进产学研深度融合，支撑高水平创新创造和高质量创业就业，深化"科创中国"试点城市建设，迭代重点支持产业，按需匹配服务团，导入人才技术

---

① 《论学习贯彻党的二十大精神》，人民出版社，2023年，第108页。

资源,服务区域经济高质量发展。

坚持为提高全民科学素质服务。广大党员干部要高质量做好新时代科普工作,切实发挥科协作为科普工作主要社会力量的作用。认真贯彻落实《关于新时代进一步加强科学技术普及工作的意见》,牵头推进《全民科学素质行动规划纲要(2021—2035年)》实施,筑牢构建新发展格局的公众科学素质基础。做优"科普中国"品牌,引导科技工作者和社会力量创作科普科幻精品内容,强化优质科普资源供给。

坚持为党和政府科学决策服务。广大党员干部要充分发挥智库功能,有效集思汇智聚力,开展世界科技强国建设、原创性引领性科技攻关等重大问题战略咨询研究。加强决策咨询专家队伍建设,发挥全国学会决策咨询主体作用,发挥地方科协决策咨询特色优势,实施科技智库青年人才计划。开展科技伦理挑战、风险防范、安全保障、冲突化解等前瞻性决策咨询研判,维护科技安全,以科技支撑社会治理、保障国家安全。

第九章
基层干部担当作为:提供机制保障

　　制度是管根本、管长远的。进入新时代,面对新矛盾、新问题,要促进中国特色社会主义事业更好发展,让党员干部自觉担负起党和人民赋予的时代重任,就必须激励党员干部增强干事创业的精气神。党的十九大报告指出:"坚持严管和厚爱结合、激励和约束并重,完善干部考核评价机制,建立激励机制和容错纠错机制,旗帜鲜明为那些敢于担当、踏实做事、不谋私利的干部撑腰鼓劲。"①近年来,随着党中央治国理政方略顶层设计的不断完善,逐步形成了以《党政领导干部选拔任用工作条例》《干部选拔任用工作监督检查和责任追究办法》《党政领导干部考核工作条例》等党内制度为核心的制度保障体系,为想干事、能干事、干成事的党员干部"大展拳脚"提供了制度保障,解除了后顾之忧。

---

　　① 习近平:《决胜全面建成小康社会 夺取新时代中国特色社会主义伟大胜利——在中国共产党第十九次全国代表大会上的报告》,《人民日报》,2017 年 10 月 19 日。

一、建立求真务实的选拔任用机制

毛泽东曾鲜明地指出："政治路线确定之后，干部就是决定的因素。"①党的干部是党和国家事业的中坚力量。办好中国的事情，关键在党，关键在人。关键在人，就是要建设一支宏大的高素质专业化干部队伍。可以说，干部的选拔任用关系党风政风，关系民心所向，关系事业发展，关系党和国家的稳定。

（一）科学选用干部

2019 年 3 月，中共中央印发修订后的《党政领导干部选拔任用工作条例》（以下简称《干部选拔任用工作条例》），强调要严把选人用人政治关、品行关、能力关、作风关、廉洁关，进一步推进干部选拔任用工作制度化、规范化、科学化，通过建立科学规范的党政领导干部选拔任用制度，完善相关配套制度，围绕建立健全干部素质培养、知事识人、选拔任用、从严管理、正向激励体系，推动形成系统完备、科学规范、有效管用、简便易行的选人用人制度机制，保证党的基本理论、基本路线、基本方略全面贯彻执行和新时代中国特色社会主义事业顺利发展。

《干部选拔任用条例》从选拔任用条件、分析研判和动议、民主推荐、考察、讨论决定、依法推荐、提名和民主协商、交流、回避、纪律和监督等多个方

---

① 《毛泽东选集》（第二卷），人民出版社，1991 年，第 526 页。

面作了详细规定。《干部选拔任用条例》指出，选拔任用干部，必须坚持"党管干部；德才兼备、以德为先，五湖四海、任人唯贤；事业为上、人岗相适、人事相宜；公道正派、注重实绩、群众公认；民主集中制；依法依规办事"的原则。必须把政治标准放在首位。党政领导干部必须信念坚定、为民服务、勤政务实、敢于担当、清正廉洁。必须严格按照规定进行民主推荐、考察、全程监督。《干部选拔任用条例》以党内法规的形式，为干部选拔任用工作提供了基本遵循。

干部选拔任用是一个"闭环"的系统工程，包括培育、选拔、管理、使用、考核等多个方面。在干部选任的具体实践过程中，应该重点做好"识""选""用"这几件事。

所谓"识"就是识别。识别好种子，发现好苗子。好干部需要自身涌现，也需要组织发现。应通过近距离接触、广开渠道等，把千里马选出来、用起来。具体来说，要做好"四察"：察政治表现、察宗旨意识、察担当作为、察道德操守。毛泽东慧眼识珠选拔罗荣桓可以说是典型的例子。1927年大革命失败之际，毛泽东组织了秋收起义。当时刚从学校出来的罗荣桓也在队伍里，因为是学生就兼任了管账先生，但在率领农民自卫军参加秋收起义的转战途中，罗荣桓被两个痞子兵骗走了钱箱。也就在这时，毛泽东注意到了这个革命意志坚定的"书生"，任命他为特务连党代表，之后又任命他为红四军代理政委。罗荣桓不负众望，立下不朽功勋，成为开国元帅。

所谓"选"就是选拔。要做到两个坚持：一是坚持好干部标准，把政治标准放在第一位，这是解决选什么人的问题；二是坚持五湖四海、任人唯贤，广开进贤之路，这是解决从何处选人的问题。要不拘一格选拔年轻干部，破格更要合格。

所谓"用"就是使用。"试玉要烧三日满，辨材须待七年期"，干部好不好，用过见分晓。是不是好干部，只有在使用的过程中才能真正分辨出来，这需要坚持事业为上,以事择人、人岗相适。事业需要什么样的人就用什么样的人,岗位缺什么样的人就配什么样的人,把合适的干部放到合适的岗位上,用本领过硬的干部干事,才能干成事。

(二)规范管理干部

好干部是选拔出来的,也是培育和管理出来的。没有规矩不成方圆。管理干部亦是如此。西汉时期,将军周亚夫以英勇善战、严守军纪著称朝野。有一次,汉文帝亲自犒劳军队,来到周亚夫驻扎的细柳营。汉文帝的先导想直接进去,但细柳营的将士们身披铠甲,手执锋利武器,拿着张满的弓弩站在营门口,不让其进去。先导说:"天子马上就要到了!"把守营门的军门都尉说:"周将军有令:'只听将军的号令,不听其他指令。'"又过了一会儿,汉文帝到了,却还不能进入军营。于是,汉文帝便派人持符节诏告周亚夫,周亚夫这才传达命令说:"打开军营大门! "这就是严守制度的典范。

严管就是厚爱,是对干部真正负责。在我们党的历史上,著名的"三大纪律八项注意"就是用制度管理干部的重要体现。其中,1961 年 1 月 27 日,中共中央下发的《党政干部三大纪律、八项注意(草案第二次修正稿)明确规定:"三大纪律"是:①一切从实际出发,②正确执行党的政策,③实行民主集中制。"八项注意"是:①同劳动同食堂,②待人和气,③办事公道,④买卖公平,⑤如实反映情况,⑥提高政治水平,⑦工作要同群众商量,⑧没有调查就没有发言权。这对于保证中央政策的正确贯彻执行,教育和约束党员干部的作风和行为,纠正干部中存在的五风现象,密切干群关系,保持共产党干部队伍的纯洁性、先进性,克服严重的经济困难都起了积极的作用。

习近平指出:"从严管理干部,总的是要坚定理想信念,加强道德养成,规范权力行使,培育优良作风,使各级干部自觉履行党章赋予的各项职责,严格按照党的原则和规矩办事。"①从严管理干部,加强教育是基础,人们常说"只要思想不滑坡,办法总比困难多",通过经常性、系统化地采取政治理论学习、多岗位实践锻炼、观看警示教育片、家属廉政教育等多种形式,使党员干部不断改造思想和提升能力。健全制度是根本,要建立科学有效的制度,让权力在制度的框架下运行,是最稳定、最有效和最根本的干部管理手段。加强监督是关键,逐步形成管思想、管工作、管作风、管纪律的从严管理体系。因此,规范管理干部就要做好"育""管""考"工作。

所谓"育",就是培养。源头培养就要扎实能力之根,筑牢信仰之基。跟踪培养就要及时掌握动态,有针对性地补短板、强弱项,帮助干部一步步成长起来。全程培养就要把理想信念教育、能力素质提升贯穿干部成长全过程。在培养干部的过程中,我们党有两条特殊的途径,在培养干部的过程中应充分发挥各级党校的作用,加强干部教育培训。

所谓"管"就是管理。好干部是选出来的,更是管出来的。对于党员干部,既需要从严管理,又需要从实关心。从严管理就要管思想防滑坡,管工作防空谈,管作风防堕落,管纪律防越矩。从实关心就要切实听取并帮助解决干部在工作和生活中遇到的问题、难题,既保证好干部好有所得,又不让老实人吃亏,防止好干部因"灰心""寒心"而降低了标准,甚至变质。

所谓"考"就是考核。要用好"显微镜"和"望远镜",按照"德能勤绩廉"的具体标准进行量化考核业绩,又要到基层群众、乡语口碑中了解干部的名声,"远近闻名"的好干部才能让组织放心、让干部服气、让群众满意。笔记小说《开元天宝遗事》中记载的唐朝宰相宋璟可以说就是这样经得起考核的干

---

① 习近平:《在党的群众路线教育实践活动总结大会上的讲话》,人民出版社,2014年,第22页。

部:"宋璟爱民恤物,朝野归美,时人咸谓璟为有脚阳春,言所至之处,如阳春煦物也。"意思是说,宋璟深得老百姓爱戴,称赞他像长了脚的春天,到处带来温暖。后来人们就用"有脚阳春"来比喻好官、好干部。科学有效的考核是规范管理干部的重要环节。

(三)合理保护干部

在干部任用考核工作中,常常出现只看"显功"不看"潜功",只看得票和个人好恶,不考虑具体客观条件,干部被恶意举报等问题。这不仅不利于正确研判考评干部,更会打击干部干事创业的积极性。这方面的例子很多。因此,干部也需要保护。各级党组织要关心爱护基层干部,主动为他们排忧解难。

2018年的一天,江苏省宿迁市宿城区中扬镇党委接到一封举报信。信中说,中扬镇中扬居委会党支部书记蒋必峰明知农民住房要拆迁,却故意通过唆使亲友违章建房来获取巨额拆迁补偿款。蒋必峰得知举报信的内容后,辗转反侧、难以入眠。中扬镇党委接到举报信后,立即抽调专人组成调查组进行核查。调查结果是,举报内容不实。随后,镇纪委当着村民的面为蒋必峰澄清事实。蒋必峰放下思想包袱后,继续全身心地投入工作。

这一案例得以澄清的关键是,自2018年初以来,宿城区健全和完善了干部澄清保护制度。该制度明确规定,纪检监察机关在核实相关问题后,如确系错告、诬告或不实举报,将采用多种形式及时为被举报人公开澄清正名,并对予以澄清正名的干部,及时向组织部门通报调查处理情况,避免其在评先树优、职务晋升等方面受到负面影响,还要做好后续思想引导和心理疏导。这样一来,既能够为担当负责的党员干部旗帜鲜明地鼓劲撑腰,也能够鼓励党员干部敢担当、勇作为。

湖北省也通过出台相关文件为广大干部干事创业提供制度保障,其中就有《关于鼓励和保护干部干事创业的意见》。该意见指出,将通过"正确把握严明纪律、严格执纪执法与鼓励改革创新、宽容工作失误、激励担当尽责的关系",切实为干部"营造恪尽职守、勇于担当、开拓创新、攻坚克难、干事创业的良好局面"。该意见对可以免责的,即免责,不影响对干部的任用;可以从轻、减轻的,即从轻或者减轻处理;可以向组织部门回复不影响干部任用的,即及时明确回复;慎重立案处置;慎用留置措施;严格规范函询,防止对干部造成不应有的精神困扰;为受诬告陷害的干部及时澄清正名;对受到打击报复的干部予以坚定支持和保护;认真听取干部的申辩申诉;关心关爱受处理处分干部;树立正确的考核评价导向;精准执纪执法,防止出现偏差等方面作了详细规定。其中,"严格规范函询,防止对干部造成不应有的精神困扰"一条在全国范围内率先提出。这就从多方面为干部干事创业做了松绑减压,为他们保驾护航。

二、建立科学完善的政绩考核机制

建立科学完善的政绩考核制度是用制度激励党员干部干事创业的必要条件。在具体工作中,面对考核什么、怎样考核等现实问题,需要坚持正确导向、明确考核标准、强化结果运用。

(一)坚持正确导向

政绩,简单来说,就是党员干部在任职期间的工作成绩和工作表现。具体来说，它包括为国家、为社会、为人民办成的实事好事，创造出来的成绩和贡献，对待党的事业的态度、全心全意为人民服务的理念等多个方面。政绩既是具体的，又是综合的，更是现实的。对党员干部的政绩进行考核，需要综合分析、科学研判。

有这样一则寓言故事：一只喜鹊在一棵杨树上筑巢并开始在窝里孵蛋。起初杨树枝繁叶茂，但几天后，树上的叶子开始发黄。喜鹊查看后发现树干上出现了许多虫眼。喜鹊想，树上有蛀虫，如果哪天杨树被虫子吃透，枯死倒掉，那她未出世的孩子也将遭殃。她越想越怕，于是就请啄木鸟来帮忙灭虫。啄木鸟来后，绕着杨树飞了一圈，然后用嘴在树上敲了敲，说："别怕，有我在，不会有事。"说完就飞走了。夏季的阳光越来越强，杨树的树叶快速发卷、发黄、脱落，树干上的虫眼越来越多，洞眼越来越大。眼看杨树快要死了，喜鹊着急地再次去请啄木鸟。啄木鸟看见喜鹊又来了，说道："喜鹊，今天记者还没来，过两天我会去的，你先回去。"喜鹊问："记者没来和除虫有关系吗？"但啄木鸟没好气地说："你不要管，到时就知道了！"又过了一段时间，一天，一阵风吹过，杨树的树干从有虫眼的地方裂开，"咔嚓"一声断了。喜鹊窝从大树上跌落下来，还未孵化的喜鹊蛋落在地上摔碎了。这时，啄木鸟和一帮记者从远处飞了过来。只见啄木鸟落在杨树上，轻轻地从裂开的树洞中啄出了一条肥大的虫子，面向记者让它们拍照。在树下守着窝哭泣的喜鹊责问道："啄木鸟，我早就去请你帮忙，你明知道树里有蛀虫，又有能力灭虫，而且这是你的责任，你为什么非要等到这个时候才来？"啄木鸟等记者都走了，飞到树下笑着对喜鹊说："喜鹊，没有这些记者朋友，人们怎么知道我捉住了一只危害四方的大蛀虫？怎么能显出我的政绩呢？"

杨树上的虫子最后确实是被清除了，啄木鸟有了一份"政绩"，但这份"政绩"的代价是喜鹊蛋的破碎。如果党员干部持这样的政绩观来开展工作，如何才能实现人民群众的获得感、幸福感、满足感呢? 2019 年 4 月,中共中央办公厅印发《党政领导干部考核工作条例》(以下简称《考核工作条例》),为做好新时代干部考核工作提供了基本遵循。《考核工作条例》明确指出:"坚持把政治标准放在首位,着眼于实现'两个一百年'奋斗目标,突出考核贯彻党中央重大决策部署,统筹推进五位一体总体布局和协调推进'四个全面'战略布局、贯彻落实新发展理念的实际成效,坚持严管和厚爱结合、激励和约束并重,奖勤罚懒、奖优罚劣,调动各级党政领导班子和领导干部积极性、主动性、创造性,树立讲担当、重担当、改革创新、干事创业的鲜明导向。"

可以说,"讲担当、重担当、改革创新、干事创业"这 14 个字既是风向标又是硬条件。"讲担当、重担当"着眼责任,"改革创新"着眼突破,"干事创业"着眼实绩,要求党员干部用负责任的担当突破旧桎梏,干出让党和人民满意的业绩。这其实就明确了考核的导向:考核只是手段,发展才是目的。而考核的目的就是通过区分优劣、奖优罚劣、激励担当、促进发展,引领广大党员干部面对新时代新形势新要求,以更饱满的状态、更务实的作风贯彻落实党中央决策部署,统一意志、统一行动,紧盯目标、务实肯干,推动任务落实和目标实现,建设一支信念坚定、为民服务、勤政务实、敢于担当、清正廉洁的高素质党政领导干部队伍。

(二)明确考核标准

回顾我们党的历史可以发现,在不同的历史时期,好干部的标准有所不同。革命时期,对党忠诚、不怕牺牲的干部就是好干部。党的六届二中全会提出:以"政治认识、纪律性及对工人阶级利益的牺牲性"为主要标准选拔干部。党的六届六中全会将好干部标准确定为:"执行党的路线,服队党的纪律,和群众有密切的联系,有独立的工作能力,积极肯干,不谋私利。"①进入建设时期,"又红又专"成为具有时代特色的好干部标准,也就是既要懂政治,又要懂业务。改革开放时期,好干部的标准从"两条"发展为"四化":"两条"就是"拥护三中全会的政治路线和思想路线"和"讲党性,不搞派性";"四化"就是革命化、年轻化、知识化、专业化。

2013年6月,习近平在总结历史经验和现实需求的基础上,提炼概括出了"信念坚定、为民服务、勤政务实、敢于担当、清正廉洁"的二十字好干部标准,成为好干部的"时代肖像",是目前和今后一个时期内必须坚持的标准。在此基础上,习近平又对不同类别、不同领域的干部提出了具体要求。2014年3月,习近平提出"三严三实"是党的领导干部的为官之道和行为准则。2014年10月,习近平要求党员干部"对党忠诚、个人干净、敢于担当"。忠诚干净担当是对二十字好干部标准的高度概括,忠诚是政治底色,干净是做人底线,担当是做事本分,这是党员干部必须具备的政治品格。对县委书记这个群体,习近平提出了"四有"和"四做",即心中有党、心中有民、心中有责、心中有戒,做政治的明白人、做发展的开路人、做群众的贴心人、做班子的带头人。2015年12月,在全国党校工作会议上,习近平又提出培养造就具有"铁一般信仰、铁一般信念、铁一般纪律、铁一般担当"的干部队伍。党的十九大通过的党章在选拔干部的要求上增添了一条:"事业为上。"这是选人用人的根本出发点。2018年9月,在全国组织工作会议上,习近平强调:"坚持好干部标准,把政治标准放在第一位。"突出政治标准,是与加强党的政治建设高度一致的,体现了鲜明的时代性和导向性。

对于考核的方式、原则和内容,《考核工作条例》已作了明确规定:考核

---

① 《建国以来重要文献选编》(第四册),中央文献出版社,1993年,第532页。

方式主要包括平时考核、年度考核、专项考核、任期考核。考核工作坚持以下原则：党管干部，德才兼备、以德为先，事业为上、公道正派，注重实绩、群众公认，客观全面、简便有效，考用结合、奖惩分明。考核内容主要包括德、能、勤、绩、廉五方面。

通过《考核工作条例》可以看出，考核的标准可简单概括为一个"好"字。也就是说，好干部才是符合标准的。那么，好干部的标准是什么呢？领导干部的考核评价标准主要有两个，一个是政治标准，另一个是民心标准。

"政治标准是首要的。"旗帜鲜明地讲政治，是马克思主义政党的根本要求和政治优势，也必须成为干部考核的第一标准，这是"硬杠杠"。2020年11月，中共中央组织部印发《关于改进推动高质量发展的政绩考核的通知》强调：坚持新发展理念、推动高质量发展，是以习近平同志为核心的党中央作出的一项重大战略部署，是关系我国发展全局的一场深刻变革。要充分发挥政绩考核指挥棒作用，把贯彻落实习近平总书记重要指示精神和党中央决策部署，贯彻新发展理念、推动高质量发展的实际表现和工作实绩，作为评价领导班子和领导干部政绩的基本依据，作为检验是否增强"四个意识"、坚定"四个自信"、做到"两个维护"的重要尺度。督促激励领导干部从政治高度深刻理解政绩内涵，对国之大者做到心中有数，牢记初心使命，把握发展规律，不断提高贯彻新发展理念的能力和水平，提高制度执行力和治理能力，在推动高质量发展中扛重活、打硬仗，努力创造经得起实践、人民、历史检验的实绩。从政治标准考核领导干部，要重点考察干部在牢固树立"四个意识"，自觉坚定"四个自信"，坚决做到"两个维护"，遵守政治纪律和政治规矩等方面的情况，特别是关键时刻的政治立场、政治站位、政治态度、政治定力，坚决把政治上的"两面人"甄别出来、挡在门外。

"民心标准是最大的。"2020年11月，中共中央组织部印发《关于改进推动高质量发展的政绩考核的通知》，强调要"增强政绩考核群众参与度"，提出"把人民群众的获得感、幸福感、安全感作为评判领导干部推动高质量发展政绩的重要标准""在政绩考核中充分反映群众感受、体现群众评价"。①民心是最大的政治。习近平指出，要以造福人民为最大政绩。民心所向才是真正的政绩。我们党的根本宗旨是全心全意为人民服务，考核党员干部的政绩，理当重在民生。干事创业一定要树立正确的政绩观，必须时刻把老百姓的安危冷暖挂在心上，着力解决好人民群众最关心、最直接、最现实的利益问题，做到"民之所好好之，民之所恶恶之，只有实实在在的'几年政绩远相闻'，才能真真正正'采得民谣报使君'"。

（三）强化结果运用

制度的生命力在于执行。只有把考核制度切实地运用起来才能发挥出其最大作用。《考核工作条例》指出："坚持考用结合，将考核结果与选拔任用、培养教育、管理监督、激励约束、问责追责等结合起来，鼓励先进、鞭策落后，推动能上能下，促进担当作为，严厉治庸治懒""依据考核结果，激励约束领导干部""依据考核结果加强干部教育培养，按照'缺什么补什么'的原则，对领导干部进行调学调训、安排实践锻炼，补齐能力素质短板"。

当然，考核干部也不能唯"清廉"论。《阅微草堂笔记》中记载了一则"公堂木偶"的故事：一个官员死后在阎王面前自称生时为官清廉，所到之处只饮一杯清水，可以说无愧于鬼神。阎王笑道："设官是为了兴利除弊，如果不贪钱就是好官，那么在公堂中设一木偶，连水都不用喝，岂不更胜于你？"官

---

①　《关于改进推动高质量发展的政绩考核的通知》，新华社，2020 年 11 月 5 日，https://www.gov.cn/。

员不服，辩解道："我虽无功，但总无过。"阎王怒道："你处处只求保全自己，该办的事不办，该断的案不断，岂不是负国负民，无功便是过！"从这则故事来看，如果唯"清廉"论，这个官员到死时都是清廉的，那他应该被认定为一个"好官"，但他在其位不谋其政，整日浑浑噩噩，拿着公家的俸禄混日子，占着位子不作为，其实就是尸位素餐。

有了好的考核机制，一方面，能激励和鞭策领导干部干事创业；另一方面，能淘汰尸位素餐的干部，推动形成能者上、优者奖、庸者下、劣者汰的正确导向。所以，必须强化考核结果的运用，着力解决"又要马儿跑得快，又要马儿不吃草"的问题。通过科学有效的考核，对"讲担当、重担当、改革创新、干事创业"，实绩突出、群众公认的好干部进行表彰和奖励，对问题较多、群众反映强烈的，明确整改方向，戴上"紧箍咒"，同时为"不贪一时之功，不图一时之名""一张蓝图绘到底""一茬接着一茬干"的党员干部撑腰打气，有效激发党员干部"闯"的精神、"创"的劲头、"干"的作风，全身心、无负担地投入工作，干事创业时自觉地由"办完"向"办好"转变，让有为者有位，为担当者担当。

三、建立切实有效的监督约束机制

历史经验和现实教训告诉我们，权力不受制约和监督，必然导致滥用，滋生腐败。在鼓励干部干事创业的过程中，必须强化制度的监督约束作用，"通过清晰的制度导向，把干部干事创业的手脚从形式主义、官僚主义的桎梏、'套路'中解脱出来，形成求真务实、清正廉洁的新风正气"。形成以正向激励为主、反向鞭策为辅的长效管理机制，激发广大干部干事创业的精气神，既要运用好严管这条"红线"，制止乱作为、胡作为，又要发挥好厚爱这种"催化剂"，鼓励能作为、善作为。

（一）健全完善监督约束制度体系

党的十八大以来，在加强干部的监督约束方面，党和国家制定了一系列制度和规定，干部监督约束体系日趋完善。总体来看，制度的制定更加科学：从制度设计到内容编制对干部在干事创业方面作出了明确、详尽的行为规范，不留责任空隙，不留规避空间，更具有可操作性和统筹性。针对实际存在的问题，也有了对症下药的制度规定，门类更加健全、层次更加分明、结构更加严谨，确保制度看得见、用得上、管得住。制度的内容更加务实：对权利和义务作出了更加明确的界定，明确哪些行为可为、哪些行为不可为，从"实体性"和"程序性"上作了规定，对"流程"和"程序"进行了规范，既保持了监督约束的震慑性，又能防止滥用权力等问题的发生。

近年来，以党章为根本，以党纪和《关于进一步从严管理干部的意见》《干部选拔任用工作监督检查和责任追究办法》等具体规章制度为抓手的监督约束制度体系逐步形成。党章是党的根本大法，是全党的总规矩。党纪国法是最大的规矩，是党员干部从政做人的底线，是不可逾越的红线，也是触碰不得的高压线。《中国共产党廉洁自律准则》和《中国共产党纪律处分条例》是党员必须遵守的行为准则和纪律规范，是党员干部在干事创业过程中必须遵守的。作为党员干部，必须把纪律和规矩挺在前面，用高标准、严要求约束自己，心存敬畏、手握戒尺，高悬"纲纪利剑"，筑牢拒腐防变的防线；严守党的政治纪律和政治规矩，在任何时候任何情况下都必须同党中央保持高度一致，坚决做到"两个维护"；严守组织纪律、廉洁纪律、群众纪律、工作纪律和生活纪律，守得住清贫，抵得住诱惑，切实提高讲纪律、守规矩的自觉性,从而在干事创业中真正做到思想上不放松、行动上不松劲,学会在约束中工作,在监督下干事。

(二)用监督约束让干部"收住心"

制度是干事创业的保障,事业要想取得成功,就必须在制度的轨道上进行。党员干部行驶在制度的轨道上,既可以保证依法依规履职尽责,还可以有效推进各项事业,不断取得新的业绩。倘若偏离制度轨道,就必然会导致脱轨越界、行为失范,不仅会给个人带来这样那样的问题,而且会影响党和国家的事业。

老一辈革命家的高风亮节在于他们从不排斥制度的监督和约束。1975年8月,朱德到青岛视察,在市工艺美术厂看到一幅精美的贝雕画《三峡夕行》,他对这幅画赞不绝口。工艺美术厂的领导趁他在车间其他地方参观时,将画包好放进他的汽车里。朱德发现后,立即叫人将画送了回去。周恩来1960年8月在一次去北戴河视察时,需要借阅世界地图和一些书籍。身边的工作人员便打电话给北戴河图书室,说要借阅一下。但接电话的工作人员说:"我们有规定,图书概不外借,要看请自己来。"周恩来知道后,冒着大雨亲自到了图书室。工作人员见是周恩来,感到很懊悔。但周恩来说:"没关系,无论是谁都要遵守制度。"朱德、周恩来等老一辈革命家时刻遵守制度的约束,为党员干部树立了光辉榜样。

党内绝不允许有不受党纪国法约束的党员,更不允许有凌驾于党章和党组织之上的特殊党员。党的十九大以来,我们党持续推进全面从严治党向纵深发展,绝不允许任何人凌驾于党纪国法之上。党员干部要做到不搞特权、不做"特殊党员",要带头坚持"两个务必",做到心中有党、心中有民、心中有责、心中有戒。

总之，制度必须被信仰，对制度的信仰，是干部履职尽责、干事创业的前提和保证。干部只有信仰制度，心中始终装着制度规矩，做到"身上无缰绳，心中守缰绳"，才能正道直行、干净干事。只有在制度的轨道上干事创业，充分发挥监督和约束作用，才能让党员干部"收住心"，而不至于因为偏离轨道而迷失方向，丧失党性。党员干部"收住心"才能不忘初心、坚守初心。

为此，在干事创业中，党员干部脑子里必须始终绷紧遵规守纪的"弦"。不越规、不蹈矩。自觉践行走在前列，当好表率的基求，把党风廉政建设摆在更加突出的位置，把纪律规矩挺在前面。从自身做起，从点滴入手，用党纪国法砥砺自我，真正树立"公款姓公，一分一厘都不能乱花；公权为民，一丝一毫都不能私用"的法纪观念。行动上必须紧扣监督约束的"度"。党员干部要树立法治思维，从一言一行做起，从自身做起，按党纪国法办事，让权力在阳光下运行，不走邪路、不栽跟头，自觉接受监督，切实把党纪国法作为高压线，无条件遵守，绝不逾越。必须严厉打击不愿遵守制度、藐视制度、钻制度空子、随意更改制度等逃避制度监督和约束的行为，以钉钉子精神抓好制度执行，真正把制度优势转化为干部干事创业的实际成效。

（三）用监督约束让干部"放开手"

制度是约束，更是保护和激励。判断干部的过失和错误是否可以从轻处理或者免予处理，关键看是否合规矩，是否在制度允许的范围内。以遵规守纪为前提的敢作敢为、锐意进取，即使出现了探索性的失误、无意中的过失，也可以在制度内得到宽容和保护。事实证明，健全完善的制度能让党员干部心无旁骛干事业，一心一意谋发展，干干净净创佳绩。

《关于新形势下党内政治生活的若干准则》指出：干部是党的宝贵财富，必须既严格教育、严格管理、严格监督，又在政治上、思想上、工作上、生活上真诚关爱，鼓励干部干事创业、大胆作为。"这就鲜明地指出，选人用人是以监督约束为托底，根本目的和落脚点是党员让干部敢想、敢干，"放开手脚""大展拳脚"。

2018年，中共中央办公厅印发了《关于进一步激励广大干部新时代新担当新作为的意见》，切实为干部撑腰鼓劲，为干事创业"保驾护航"，让干部卸下包袱，一心一意为党和人民干事创业、建功立业。该意见明确指出：要建立激励机制和容错纠错机制，进一步激励广大干部新时代新担当新作为。该意见提出了七条意见：一是大力教育引导干部担当作为、干事创业，二是鲜明树立重实干重实绩的用人导向，三是充分发挥干部考核评价的激励鞭策作用，四是切实为敢于担当的干部撑腰鼓劲，五是着力增强干部适应新时代发展要求的本领能力，六是满怀热情关心关爱干部，七是凝聚形成创新创业的强大合力。

"水不激不跃，人不激不奋。"不难看出，该意见的出台就是着力解决能力不足不能为、动力不足不想为、担当不足不敢为的问题，致力于为敢担当者担当、为善干事者撑腰，充分调动干部干事创业的积极性、主动性、创造性，更有效地激励干部在新时代里挑起新担当、迸发新作为。

宽容党员干部在改革创新中的失误错误，需要特别注意和准确把握习近平提出的"三个区分开来"与"三类容错"思想。"区分"的目的是明辨"为公"还是"为私"，判定"无禁"还是"严禁"，分清"无心"还是"有意"，严格划分"错误、失误"与"违法、违纪"的界线。而"容错"绝不意味着可以省略事前的科学谋划、事中的严格监管，绝不意味着鼓励胡作非为、盲目蛮干，绝不等于无限度宽容。对触碰政治底线、纪律底线、法律底线、道德底线的重大错误，决不能容忍。只有这样，才能给敢闯敢拼的党员干部吃一颗定心丸，使其卸下包袱、轻装上阵，让干部打消多干多错、少干少错、不干不错的消极怠工的错误思想，变"有错"为"有为"，保护好干部的干事热情，及时发现和中止错误，及时为受到不实举报的党员干部澄清正名，让他们干出一番事业。只有这样，才能让更多的干部放下架子、拉下面子、扑下身子，让守规矩成为敢担当的底气，在制度之内真心实意、不遗余力地投入工作，为党为群众办好事、办实事、办大事，既有所畏又有所为。

"空谈误国，实干兴邦。"干事创业不是空话，更不是假话；不能畏手畏脚地干，也不能想怎么干就怎么干；不是一朝一夕、一阵子，而是一辈子。党员干部要坚持不懈，按照习近平"功成不必在我，功成必定有我"的要求，以不达目标决不罢休的韧劲和不计得失、不重名利的傻劲，用坚持赢得机会，用坚持收获希望；要奋发有为，真抓实干，"上接天线、下接地气"，坚决杜绝形式主义、官僚主义，面对干事创业"有风有雨"的常态，秉持"风雨无阻"的心态，保持"风雨兼程"的状态，在攻坚克难中，干成事、创成业；要守住底线，坚持问题意识和底线思维，红线不能碰、底线不能触，严守纪律规矩，始终心存敬畏，处理好"安全帽"和"乌纱帽"的关系，以及失责与追责的关系，构筑廉洁从业的思想防线，营造风清气正的政治生态；要凝聚共识，把思想和行动统一到党中央决策部署上，把精力集中到干事创业上，把心思凝聚到推动工作上，守初心、迎挑战、敢担当、勇创新，做到脑中有党、目中有民、心中有戒、胸中有数、肩上有责、嘴上有功、手上有招、脚上有力，真刀真枪干一场。

必须用好用实制度这个有利抓手，从制度层面完善、科学选用、考核、监督约束机制，坚持用好的制度规范，按照好干部标准，把好干部选出来、用起来，为我们党长期执政提供最有力的组织保障，形成良好的政治生态，弘扬肯干事、敢干事和能干事的良好风气，营造积极向上、创先争优的良好干事创业氛围，为全面建成富强民主文明和谐美丽的社会主义现代化强国、实现中华民族伟大复兴的中国梦提供源源不断的人才资源，一代接着一代干，奋力完成伟大历史使命。

四、建立合理准确的奖惩免责机制

党的十八大以来，党中央高度重视选贤任能，始终把选人用人作为关系党和人民事业的关键性、根本性问题来抓。各级党委及组织部门坚持党管干部原则，坚持正确用人导向，坚持德才兼备、以德为先，努力做到选贤任能、用当其时，知人善任、人尽其才，把好干部及时发现出来、合理使用起来。各地在深刻领会习近平总书记系列讲话精神的基础上，着重培养选拔党和人民需要的好干部，结合经济社会发展的需要，以选拔担当有为干部为导向，树立正确用人观，不断建立健全机制选拔干部。

(一)选拔突出实绩标准

党的十八大报告指出，加强干部队伍建设，必须完善干部考核评价机制，促进领导干部树立正确的政绩观。中共中央《十三五规划建议》中要求，深化干部人事制度改革，完善政绩考核评价体系和奖惩机制，调动各级干部工作积极性、主动性、创造性。以浙江省为例。浙江省坚持"以实绩论英雄"，注重用好干部考核这个"指挥棒"，加大对各地各部门的考核力度。这是干部选拔任用和管理监督的基础环节，也是严格管理的有效手段。浙江省认真落实《关于改进市、县(市、区)党政领导班子和领导干部实绩考核评价工作的若干意见》和《市党政领导班子实绩考核评价指标体系》，健全日常考核、年度考核、专项考核制度，注重了解干部在完成中心任务中的现实表现，加强对遵规守法、依法办事情况的考察考核。

习近平曾指出，"要改进考核方法手段，既看发展又看基础，既看显绩又看潜绩，把民生改善、社会进步、生态效益等指标和实绩作为重要考核内容，再也不能简单以国内生产总值增长率来论英雄了。"[①] 2014 年 1 月修订的《党政领导干部选拔任用工作条例》第二十七条规定，考察党政领导职务拟任人选要注重考察工作实绩，深入了解履行岗位职责、推动和服务科学发展的实际成效。考察地方党政领导班子成员，应当把有质量、有效益、可持续的经济发展和民生改善、社会和谐进步、文化建设、生态文明建设、党的建设等作为考核评价的重要内容，更加重视劳动就业、居民收入、科技创新、教育文化、社会保障、卫生健康等的考核，强化约束性指标考核，加大资源消耗、环境保护、消化产能过剩、安全生产、债务状况等指标的权重，防止单纯以经济增长速度评定工作实绩。

(二)有效的惩戒机制

惩戒是一种负激励的方式，对不能认真履行官员基本职责的行为进行纠正、惩处，问责制就是世界通行的典型的惩戒机制。我国自改革开放以来，尤其是进入 21 世纪后逐步建立了问责机制，对激励干部起到了良好的成效，也存在继续完善的空间。尤其是无为问责，是当前激励干部的有效做法，值得研究和关注。

---

① 中共中央党史和文献研究院编：《习近平关于力戒形式主义官僚主义重要论述选编》，中央文献出版社，2020 年，第 74 页。

以无为问责激励干部担当作为。如何理解和界定"无为"？从经济学角度来看，亚当·斯密提出"看不见的手"理论，自发秩序调节市场主体的行为就可以实现最优效率。因此，西方国家认为，政府不应过多地干预经济，应该保持适度"无为"。以此为基础构建起来的各种理论都持这种观点，比如政府行政的原则应该是"法无授权不可为"，"守夜人"的政府职能定位等。值得注意的是，政府"无为"不意味着"无所作为"，比如在经济上可能会释放市场活力，达到好的效果。从行政法学角度来看，"无为"与行政不作为很密切。行政不作为概念来源于最高人民法院《关于执行〈中华人民共和国行政诉讼法〉若干问题的解释》(法释〔2000〕8号)第22条、第27条、第50条、第56条，是指负有法定义务的行政机关及其工作人员，没有法定的事由，不履行或者消极履行其法定义务的行为。从党建研究角度来看，"不作为"成为最近的热点研究领域，是指无所事事、扯皮推诿、麻木不仁、牢骚满腹的庸官懒政、消极怠政行为。"无为问责"主要是指最后一种观点，但是在形成制度上必须借助于行政法意义上的行政不作为概念，而与第一种经济学意义上的"无为"不同。

全国很多地方都出台了规范性文件对为官不为现象进行了问责。例如，2005年，湖南省岳阳市出台了《领导干部和机关工作人员有错与无为问责办法(试行)》，是我国内地第一部关于领导干部无为问责的规范性文件。[1]之后，各地对无为问责进行了尝试。目前，在《公务员法》《行政许可法》《行政诉讼法》《行政复议法》等法律，《中国共产党纪律处分条例》《中国共产党问责条例》等党内法规中，都以"不作为"形式规定了无为问责方式，该项制度正在全国范围内完善发展起来。

---

① 肖光荣：《领导干部无为问责制推行的实践探索——基于湖南省岳阳市的调查研究》，《湖南师范大学社会科学学报》，2020年第4期。

(三)准确的免责机制

免责也是激励。影响干部推进工作的因素包括客观世界的因素、社会因素、自身主观认识因素,甚至还有风险和概率的因素。出现问题如果一味问责,就会导致干部消极对待事业、墨守成规的现象。为此,应该在防止乱作为前提下确立免责机制,激励干部大胆作为、勇于创新。

习近平在2016年省部级主要领导干部贯彻党的十八届五中全会精神专题研讨班上的讲话中指出:"综合各方面反映,当前'为官不为'主要有3种情况:一是能力不足而'不能为',二是动力不足而'不想为',三是担当不足而'不敢为'。"为此,提出了"三个区分开来"原则,即"要把干部在推进改革中因缺乏经验、先行先试出现的失误和错误,同明知故犯的违纪违法行为区分开来;把上级尚无明确限制的探索性试验中的失误和错误,同上级明令禁止后依然我行我素的违纪违法行为区分开来;把为推动发展的无意过失,同为谋取私利的违纪违法行为区分开来。"① 2018年7月16日,中共中央印发了《关于进一步激励广大干部新时代新担当新作为的实施意见》,从中央层面提出建立容错纠错机制。随后,全国大多数省份都出台了激励干部意见、容错纠错办法、免责办法等文件。

这一思想的提出有着深厚的实践基础。事实上,改革开放以来的"试错"道路离不开我国对干部的容错、免责激励。发展意味着创新,对未知领域的探索往往伴随着试错。改革开放后,中国的发展实际上就是一条"摸着石头过河"的道路,依赖于科学的试错机制,而这恰恰是一种适应市场经济的渐

① 《习近平谈治国理政》(第二卷),外文出版社,2017年,第225页。

进主义科学决策模式,这一公共政策决策范式的基础是不断试错的。中国重视尊重基层、发挥群众首创精神的地区性试验,必然是一个不断试错的过程,当然这个过程中也伴随着错误的矫正,为此必须激发和保护基层群众和干部的创造性,也就是对干部的改革创新行为采取一定的宽容态度,使其大胆地试,大胆地闯。

后　记

敢担当、善作为是新时代基层干部必备的基本素质和政治品格。促进基层干部担当作为,是加强干部队伍建设、提高干部队伍凝聚力和战斗力的关键,对于打造一支忠诚干净担当、勇于创新创造的高素质专业化干部队伍,继而推动实现我们党的第二个百年奋斗目标,具有重大现实意义和实践价值。

新时代呼唤新担当,需要广大干部"撸起袖子加油干"。本书结合党的十八大以来习近平对广大干部担当作为的系列要求、新时代好干部标准,参照2018年5月20日中办印发的《关于进一步激励广大干部新时代新担当新作为的意见》,重点解读了新时代广大基层干部如何认识、如何思考、如何行动、如何激励、如何保障,进而营造良好的政治生态等问题。

做新时代的好干部,要求广大干部认清历史方位、坚定理想信念、加强理论武装、做到绝对忠诚、全面提升能力、切实转变作风、遵守党的纪律、规范廉洁用权、砥砺从政道德。当然,各级党组织也要当好干部们的坚强后盾,让担当有为者有位、消极无为者失位，形成鲜明的导向，使广大干部知所趋赴、有所敬畏。

本书在框架结构上设置九章，从历史与现实、理论与实践等不同维度，着力回答我们广大基层干部如何锐意创新、如何坚决斗争、如何坚守初心、如何考量政绩、如何担当作为、如何目标导向、如何激励保障等问题。而且在实践中注重规范性、操作性和实用性，对广大党员干部和基层一线工作者在实践中所需的各方面相关知识，以及如何正确处理和解决工作中可能遇到的各种问题等作了比较全面、具体的论述，是广大基层干部进行党性教育、政策培训和学习运用的重要参考读物。

由于时间仓促，加之作者能力水平有限，书稿还存在诸多不足之处，敬请读者不吝批评指正。